메시지 | 창세기

KB214771

THE MESSAGE: Genesis

Eugene H. Peterson

The MESSAGE

창세기

유진 피터슨

복 있는 사람

메시지 | 창세기

2019년 3월 29일 초판 1쇄 발행
2024년 12월 30일 초판 6쇄 발행

지은이 유진 피터슨
옮긴이 김순현 윤종석 이종태
감수자 김회권
펴낸이 박종현

(주) 복 있는 사람
주소 서울특별시 마포구 연남동 246-21(성미산로23길 26-6)
전화 02-723-7183(편집), 7734(영업·마케팅) 팩스 02-723-7184
이메일 hismessage@naver.com
등록 1998년 1월 19일 제1-2280호

ISBN 978-89-6360-282-0 03230

이 도서의 국립중앙도서관 출판예정도서목록(CIP)은 서지정보유통지원시스템 홈페이지(http://
seoji.nl.go.kr)와 국가자료공동목록시스템(http://www.nl.go.kr/kolisnet)에서 이용하실 수 있습니
다. (CIP 제어번호: 2019008673)

차례

007 『메시지』를 읽는 독자에게

011 창세기 머리말

015 **창세기**

일러두기

- 유진 피터슨의 『메시지』 영어 원문을 번역하면서, 한국 교회의 실정과 환경을 고려하여 『메시지』 한글 번역본의 극히 일부분을 의역하거나 문장과 용어를 바꾸었다.

- 유진 피터슨은 『메시지』 영어 원문에서, 유일무이한 하나님의 인격적 이름을 주(LORD) 대신에 대문자 GOD로 번역했다. 따라서 『메시지』 한국어판은 많은 논의와 신학 감수를 거쳐, 원저자의 의도를 반영해 '주'(LORD) 대신에 강조체 '**하나님**'(GOD)으로 표기했다.

- 『메시지』 한국어판의 도량형(길이, 무게, 부피)은 『메시지』 영어 원문을 기초로 하여, 오늘날 우리나라에서 일반적으로 통용되는 단위로 환산해 표기했다.

- 지명, 인명은 대한성서공회에서 발행한 「개역개정」, 「새번역」 성경의 원칙을 따랐다.

『메시지』를 읽는 독자에게

『메시지』에 독특한 점이 있다면, 현직 목사가 그 본문을 다듬었기 때문일 것이다. 나는 성경의 메시지를 내가 섬기는 사람들의 삶 속에 들여놓는 것을 내게 주어진 일차적 책임으로 받아들이고 성인 인생의 대부분을 살아왔다. 강단과 교단, 가정 성경공부와 산상수련회에서 그 일을 했고, 병원과 양로원에서 대화하면서, 주방에서 커피를 마시고 바닷가를 거닐면서 그 일을 했다. 『메시지』는 40년간의 목회 사역이라는 토양에서 자라난 열매다.

인간의 삶을 만들고 변화시키는 하나님의 말씀은, 내가 『메시지』 작업을 하는 동안 정말로 사람들의 삶을 만들고 변화시켰다. 우리 교회와 공동체라는 토양에 심겨진 말씀의 씨앗은, 싹을 틔우고 자라서 열매를 맺었다. 현재의 『메시지』를 작업할 무렵에는, 내가 수확기의 과수원을 누비며 무성한 가지에서 잘 영근 사과며 복숭아며 자두를 따고 있다는 기분이 들곤 했다. 놀랍게도 성경에는, 내가 목회하는 성도며 죄인인 사람들이 살아 낼 수 없는 말씀, 이 나라와 문화 속에서 진리로 확증되지 않는 말씀이 단 한 페이지도 없었다.

　내가 처음부터 목사였던 것은 아니다. 원래 나는 교사의 길에 들어서서, 몇 년간 신학교에서 성경 원어인 히브리어와 그리스어를 가르쳤다. 남은 평생을 교수와 학자로 가르치고 집필하고 연구하며 살겠거니 생각했었다. 그러다 갑자기 직업을 바꾸어 교회 목회를 맡게 되었다.

　뛰어들고 보니, 교회는 전혀 다른 세계였다. 제일 먼저 눈에 띈 차이는, 아무도 성경에 별로 관심이 없어 보인다는 점이었다. 얼마 전까지만 해도, 사람들은 내게 돈을 내면서까지 성경을 가르쳐 달라고 했는데 말이다. 내가 새로 섬기게 된 사람들 중 다수는, 사실 성경에 대해 아무것도 몰랐다. 성경을 읽은 적도 없었고, 배우려는 마음조차 없었다. 성경을 몇 년씩 읽어 온 사람들도 많았지만, 그들에게 성경은 너무 익숙해서 무미건조하고 진부한 말로 전락해 있었다. 그들은 지루함을 느낀 나머지 성경을 제쳐 둔 상태였다. 그 양쪽 사이에 있는 사람은 많지 않았다. 내가 가장 중요하게 여긴 일은, 성경 말씀을 그 사람들의 머리와 가슴 속에 들여놓아서, 성경의 메시지가 그들의 삶이 되게 하는 것이었다. 그러나 거기에 관심을 갖는 사람은 거의 없었다. 신문과 잡지, 영화와 소설이 그들 입맛에 더 맞았다.

　결국 나는, 바로 그 사람들에게 성경의 메시지를 듣게—정말로 듣게—해주는 일을 내 평생의 본분으로 삼게 되었다. 그것이야말로 확실히 나를 위해 예비된 일이었다.

나는 성경의 세계와 오늘의 세계라는 두 언어 세계에 살고 있었다. 나는 언제나 그 두 세계가 같은 세계인 줄 알았다. 그러나 사람들은 그렇게 보지 않았다. 나는 어쩔 수 없이 "번역가"(당시에는 그런 표현을 쓰지 않았지만)가 되었다. 날마다 그 두 세계의 접경에 서서, 하나님이 우리를 창조하시고 구원하시고 치유하시고 복 주시고 심판하시고 다스리실 때 쓰시는 성경의 언어를, 우리가 잡담하고 이야기하고 길을 알려 주고 사업하고 노래 부르고 자녀에게 말할 때 쓰는 오늘의 언어로 옮긴 것이다.

그렇게 하는 동안, 성경의 원어―강력하고 생생한 히브리어와 그리스어―는 끊임없이 내 설교의 물밑에서 작용했다. 성경의 원어는 단어와 문장을 힘 있고 예리하게 해주고, 내가 섬기는 사람들의 상상력을 넓혀 주었다. 그래서 오늘의 언어 속에서 성경의 언어를 듣고, 성경의 언어 속에서 오늘의 언어를 들을 수 있게 해주었다.

나는 30년간 한 교회에서 그 일을 했다. 그러던 어느 날 (1990년 4월 30일이었다), 한 편집자가 내게 편지를 보내 왔다. 그동안 내가 목사로서 해온 일의 연장선에서 새로운 성경 번역본을 집필해 달라는 청탁의 편지였다. 나는 수락했다. 그 후 10년은 수확기였다. 그 열매가 바로 『메시지』다.

『메시지』는 읽는 성경이다. 기존의 탁월한 주석성경을 대체하기 위한 것이 아니다. 내 취지는 간단하다. (일찍이 우리 교회와 공동체에서도 그랬듯이) 성경이 충분히 읽을 수 있는 책이라는 사실을 모르는 사람들에게 성경을 읽게 해주고, 성경에 관심을 잃은 지 오래된 사람들에게 성경을 다시 읽게 해주는 것이다. 그렇다고 굳이 내용을 쉽게 하지는 않았다. 성경에는 이해하기 어려운 부분도 많이 있다. 그래서 『메시지』를 읽다 보면, 더 깊은 연구에 도움이 될 주석성경을 구하는 일이 조만간 중요하게 여겨질 것이다. 그때까지는, 일상을 살기 위해 읽으라. 읽으면서 이렇게 기도하라. "하나님, 말씀하신 대로 내게 이루어지기를 원합니다."

유진 피터슨

창세기 |

가장 먼저 하나님이 계신다. 하나님은 삶을 주관하신다. 하나님은 삶의 기초이시다. 하나님이 그 어떤 것보다 우선이라는 의식이 없다면, 우리는 어느 것 하나 똑바로 이해할 수 없다. 삶을 바로 이해할 수 없을 뿐 아니라, 삶을 제대로 살아갈 수도 없다. 하나님은 가장자리에만 계신 분이 아니고, 선택사항 중 하나이신 분도 아니며, 주말에만 뵙는 분도 아니다. 하나님은 중심과 주변 어디에나 계신 분이며, 처음이요 마지막이신 분이다. 오직 하나님, 하나님, 하나님이다!

창세기는 우리가 이 하나님과 바른 관계에서 시작할 수 있게 해준다. "모든 것의 시작은 이러하다. 하나님께서……"(창 1:1). 창세기를 읽다 보면, 하나님께서 만드시고 채우시는 현실을 의식하게 된다. 창세기는 우리 삶을 정확하게 이해하고 말할 수 있도록 돕는 언어를 제공한다. 우리가 어디서 와서 어디로 가는지, 우리가 무슨 생각을 하며 무슨 일을 하는지, 우리와 함께 사는 사람들이 누구이며 어떻게 하면 그들과 사이좋게 지낼 수 있는지, 우리가 처한 곤경과 끊임없이 찾아오는 축복 등에 대해 빠짐없이 정확하게 말해 준다.

창세기는 이 언어를 활용하여 견고하고 참된 기초를 세운다. 우리가 생각하고 행동하고 느끼는 모든 것이 우리가 일생 동안 지어 가는 건물에 꼭 필요한 자재가 된다. 우리가 하는 모든 일에는 엄청난 의미가 깃들어 있고, 우리의 말과 행동과 기도는 그 하나하나가 하나님 나라라는 거대한 건물을 짓는 일과 연관되어 있다. 그러나 우리가 기초를 세우지는 않는다. 기초는 이미 주어져 있으며, 그 기초는 확고한 기반 위에 서 있다.

예수께서는 자신의 가장 유명한 가르침을 끝맺으시면서, 인생을 살아가는 두 가지 방법을 말씀해 주셨다. 우리는 모래 위에 집을 지을 수도 있고 바위 위에 지을 수도 있다. 만일 우리가 모래 위에 집을 짓는다면, 그 집이 아무리 훌륭하다 해도 맥없이 무너지고 말 것이다. 우리는 이미 확고하게 놓인 터, 곧 바위 위에 집을 짓는다. 창세기는 이 바위에 대한 증언이다. 하나님께서 창조하시고 우리 삶에 개입하시며, 은혜로운 심판을 내리시고 믿음으로 살도록 우리를 부르시며, 우리와 언약을 맺으신다는 증언이다.

하나님께서 말씀하셨다.
"우리가 우리의 형상을 따라 사람을 만들자.
그들로 우리의 본성을 드러내게 하여
그들이 바다의 물고기와
공중의 새와 집짐승과

온 땅과
땅 위에 사는 온갖 동물을 돌보게 하자."
하나님께서 사람을 창조하시되
하나님을 닮게 창조하시고
하나님의 본성을 드러내게 하셨다.
하나님께서 사람을 남자와 여자로 창조하셨다.
하나님께서 그들에게 복을 주시며 말씀하셨다.
"자녀를 낳고, 번성하여라! 온 땅에 가득하여라!
땅을 돌보아라!
바다의 물고기와 공중의 새와
땅 위에 사는 온갖 생물을 돌보아라!"(창 1:26-28)

그러나 창세기는 이 모든 것을 추상적인 '진리'나 핏기 없는
'원리'로 제시하지 않는다. 창세기는 구체적인 이름을 가진
사람들의 이야기를 연속해서 보여준다. 그들은 사랑하고 다
투고, 믿고 의심한다. 결혼해서 자녀를 낳고, 죄를 짓고 은혜
를 경험한다. 주의를 기울여 살펴보면, 이 이야기, 곧 아담
과 하와, 가인과 아벨, 노아와 그의 아들들, 아브라함과 사
라, 이삭과 리브가, 야곱과 라헬, 요셉과 그의 형제들 이야기
가 또 다른 형태로 우리 삶에서 계속되고 있음을 알 수 있다.
이 이야기들은 우리가 '하늘과 땅'에서 일어나는 어떤 일에도
외부인이나 구경꾼일 수 없음을 분명히 보여준다. 하나님은
저 멀리 우주에서 비인격적으로 일하시는 분이 아니다. 그분

은 우리를 찾아오신 바로 그 삶의 자리에서 우리와 함께 일
하시는 분이다. 우리가 선한 일을 하든 나쁜 일을 하든, 우리
는 하나님께서 행하시는 모든 일에 계속해서 참여할 수밖에
없다. 누구도 예외일 수 없고 빠져나갈 수도 없다. 그러므로
우리는 그 이야기 속에서 시작하고 그 이야기 속에서 우리의
자리를 찾아야 할 것이다. 맨 처음부터 말이다.

창세기

하늘과 땅의 창조

1 ¹⁻² 모든 것의 시작은 이러하다. 하나님께서 하늘과
땅을 창조하셨다. 보이는 모든 것과 보이지 않는 모
든 것을 창조하셨다. 땅은 아무것도 없는 늪, 끝없이 깊은
공허, 칠흑 같은 어둠이었다. 하나님의 영은 물의 심연 위에
새처럼 내려앉으셨다.

³⁻⁵ 하나님께서 말씀하셨다. "빛!" 하시니
빛이 생겨났다.
하나님께서 보시니 그 빛이 좋았다.
하나님께서 빛과 어둠을 나누셔서,
빛을 낮이라 부르시고

어둠을 밤이라 부르셨다.
저녁이 되고 아침이 되니
첫째 날이었다.

6-8 하나님께서 말씀하셨다.
"물 한가운데 창공이 생겨
물과 물 사이를 갈라놓아라!"
하나님께서 창공을 만드셔서
창공 아래 물과
창공 위의 물로 갈라놓으시니,
그대로 되었다.
하나님께서 창공을 하늘이라 부르셨다.
저녁이 되고 아침이 되니
둘째 날이었다.

9-10 하나님께서 말씀하셨다. "갈라져라!
하늘 아래 있는 물은 한곳으로 모이고
뭍은 드러나라!" 하시니
그대로 되었다.
하나님께서 뭍을 땅이라 부르시고
모인 물을 바다라 부르셨다.
하나님께서 보시니 좋았다.

11-13 하나님께서 말씀하셨다. "땅은 푸른 움을 돋게 하여라!
씨 맺는 온갖 종류의 식물과
열매 맺는 온갖 종류의 나무를 자라게 하여라" 하시니
그대로 되었다.
땅은 씨 맺는 푸른 식물을
그 종류대로 나게 하고
열매 맺는 나무를 그 종류대로 자라게 했다.
하나님께서 보시니 좋았다.
저녁이 되고 아침이 되니
셋째 날이었다.

14-15 하나님께서 말씀하셨다. "빛들아! 나오너라!
하늘 창공에서 빛을 비추어라!
낮과 밤을 나누고
계절과 날과 해를 구분하여라.
하늘 창공에서 땅을 비추는 빛들이 되어라" 하시니
그대로 되었다.

16-19 하나님께서 두 큰 빛을 만드셔서,
그중 큰 빛에게는 낮을 맡기시고
작은 빛에게는 밤을 맡기셨다.
그리고 별들도 만드셨다.
하나님께서 그 빛들을 하늘 창공에 두셔서,

땅을 비추게 하시고
낮과 밤을 다스리며
빛과 어둠을 나누게 하셨다.
하나님께서 보시니 좋았다.
저녁이 되고 아침이 되니
넷째 날이었다.

20-23 하나님께서 말씀하셨다.
"바다는 물고기와 온갖 생물로 가득하여라!
새들은 땅 위 창공을 날아다녀라!"
하나님께서 거대한 고래들과
물에 가득한 모든 생물과
온갖 종류의 새를 창조하셨다.
하나님께서 보시니 좋았다.
하나님께서 그것들에게 복을 주시며 말씀하셨다.
"잘 자라서, 번성하여라! 바다에 가득하여라!
새들은 땅 위에 번성하여라!"
저녁이 되고 아침이 되니
다섯째 날이었다.

24-25 하나님께서 말씀하셨다. "땅은 생물을 내어라!
집짐승과 기어 다니는 것과 들짐승을 각기 종류대로 내어
라" 하시니

그대로 되었다.
온갖 종류의 들짐승과
온갖 종류의 집짐승과 온갖 종류의 기어 다니는 것과 벌
레가 생겨났다.
하나님께서 보시니 좋았다.

26-28 하나님께서 말씀하셨다. "우리가 우리의 형상을 따
라 사람을 만들자.
그들로 우리의 본성을 드러내게 하여
그들이 바다의 물고기와
공중의 새와 집짐승과
온 땅과
땅 위에 사는 온갖 동물을 돌보게 하자."
하나님께서 사람을 창조하시되
하나님을 닮게 창조하시고
하나님의 본성을 드러내게 하셨다.
하나님께서 사람을 남자와 여자로 창조하셨다.
하나님께서 그들에게 복을 주시며 말씀하셨다.
"자녀를 낳고, 번성하여라! 온 땅에 가득하여라! 땅을 돌
보아라!
바다의 물고기와 공중의 새와
땅 위에 사는 온갖 생물을 돌보아라!"

²⁹⁻³⁰ 하나님께서 말씀하셨다.

"내가 땅 위에 있는 씨 맺는 온갖 식물과

열매 맺는 온갖 나무를

너희에게 양식으로 준다.

모든 짐승과 새와

숨 쉬고 움직이는 모든 것에게도

땅에서 자라는 것을 양식으로 준다" 하시니

그대로 되었다.

³¹ 하나님께서 손수 만드신 모든 것을 보시니

참으로 좋고 좋았다!

저녁이 되고 아침이 되니

여섯째 날이었다.

2

¹ 하늘과 땅의 모든 것이

빠짐없이 완성되었다.

²⁻⁴ 일곱째 날에

하나님께서 하시던 일을 마치셨다.

일곱째 날에

하나님께서 모든 일을 마치고 쉬셨다.

하나님께서 일곱째 날에 복을 주시고

그날을 거룩한 날로 삼으셨다.
그날에 하나님께서 창조하시던 모든 일을
마치고 쉬셨기 때문이다.

하늘과 땅이 창조될 때
그 모든 것의 시작은 이러했다.

아담과 하와

5-7 **하나님께서** 땅과 하늘을 지으시던 때에, 땅에는 아직 풀과 나무가 돋아나지 않았다. **하나님께서** 땅에 비를 내리지 않으셨고, 땅을 일굴 사람도 없었기 때문이다. (땅속에서 솟아 나온 물이 온 땅을 적시고 있었다.) **하나님께서** 땅의 흙으로 사람을 빚으시고, 그 코에 생명의 숨을 불어넣으셨다. 그러자 그 사람이 살아나, 생명체가 되었다!

8-9 **하나님께서** 동쪽에 있는 에덴에 동산을 일구시고, 만드신 사람을 그곳에 두셨다. **하나님께서는** 보기에도 아름답고 먹기에도 좋은 온갖 나무를 그 땅에 자라게 하셨다. 동산 한가운데는 생명나무가 있었고, 선과 악을 알게 하는 나무도 있었다.

10-14 강 하나가 에덴에서 흘러나와 동산을 적시고, 그곳에서 네 줄기로 갈라져 네 강을 이루었다. 첫째 강의 이름은 비손인데, 금이 나는 하윌라 온 땅을 두루 돌아 흘렀다. 그 땅에서 나는 금은 질이 좋았다. 그 땅은 향기 나는 송진과 마노

보석이 나는 곳으로도 유명했다. 둘째 강의 이름은 기혼인
데, 구스 온 땅을 두루 돌아 흘렀다. 셋째 강의 이름은 힛데
겔인데, 앗시리아 동쪽으로 흘렀다. 넷째 강의 이름은 유프
라테스였다.

15 **하나님**께서 사람을 데려다가 에덴 동산에 두시고, 땅을 일
구며 돌보게 하셨다.

16-17 **하나님**께서 사람에게 명령하셨다. "동산에 있는 모든
나무의 열매는 무엇이든 먹어도 좋다. 그러나 선과 악을 알
게 하는 나무의 열매는 먹어서는 안된다. 그 나무의 열매를
먹는 순간, 너는 죽을 것이다."

18-20 **하나님**께서 말씀하셨다. "사람이 혼자 있는 것이 좋지
않으니, 내가 그를 도울 짝을 만들어 주어야겠다." **하나님**
께서 땅의 흙으로 들의 모든 짐승과 공중의 모든 새를 만드
셨다. **하나님**께서 그것들을 사람에게로 데려가서, 그가
그것들을 무엇이라 부르는지 보셨다. 그 사람이 생물 하나
하나를 일컫는 말이 곧 그 이름이 되었다. 그 사람이 집짐승
과 공중의 새와 들짐승에게 이름을 붙여 주었으나, 정작 자
신에게 꼭 맞는 짝은 찾지 못했다.

21-22 **하나님**께서 남자를 깊이 잠들게 하셨다. 그가 잠들자,
하나님께서 그의 갈빗대 하나를 떼어 내고 그 자리를 살로
메우셨다. **하나님**께서 남자에게서 떼어 낸 갈빗대로 여자를
만드시고, 그녀를 남자에게 데려오셨다.

23-25 남자가 말했다.

"드디어 나타났구나! 내 **뼈** 중의 **뼈**,

내 살 중의 살!

남자에게서 나왔으니

여자라고 부르리라."

그러므로 남자는 부모를 떠나, 아내를 품에 안고 한 몸이
된다.

남자와 그의 아내는 둘 다 벌거벗었으나 부끄러워하지 않
았다.

사람의 불순종

3 ¹ 뱀은 **하나님**께서 지으신 들짐승 가운데 가장 간교
했다. 뱀이 여자에게 말했다. "하나님이 너희에게 동
산 안에 있는 모든 나무의 열매를 먹지 말라고 하셨다는데,
그게 정말이냐?"

2-3 여자가 뱀에게 말했다. "그렇지 않아. 동산 안에 있는 나
무들의 열매는 먹어도 돼. 하지만 하나님께서는 동산 한가
운데 있는 나무의 열매만큼은 '너희는 먹지도 말고 만지지
도 마라. 그러면 너희가 죽을 것이다'라고 말씀하셨어."

4-5 뱀이 여자에게 말했다. "너희는 결코 죽지 않아. 하나님
은 너희가 그 나무의 열매를 먹는 순간 하나님처럼 되어서,
선에서 악까지 모든 실상을 보게 되리라는 것을 알고 계신
거야."

⁶ 여자가 그 나무를 보니 먹음직스럽게 보였고, 그 열매를 먹으면 모든 것을 알게 될 것 같았다! 여자가 그 열매를 따서 먹고 자기 남편에게도 주니, 그도 먹었다.

⁷ 그러자 그 두 사람은 곧바로 "실상을 보게 되었다." 자신들이 벌거벗은 것을 알게 된 것이! 그들은 무화과나무 잎을 엮어서 임시로 몸을 가렸다.

⁸ 저녁 산들바람 속에 **하나님**께서 동산을 거니시는 소리가 들리자, 남자와 그의 아내는 **하나님**을 피해 동산 나무 사이에 숨었다.

⁹ **하나님**께서 남자를 부르며 물으셨다. "네가 어디 있느냐?"

¹⁰ 남자가 대답했다. "제가 동산에서 하나님의 소리를 듣고, 벌거벗은 것이 두려워 숨었습니다."

¹¹ **하나님**께서 물으셨다. "네가 벌거벗었다고 누가 일러 주었느냐? 내가 네게 먹지 말라고 한 나무의 열매를 네가 먹었느냐?"

¹² 남자가 대답했다. "하나님께서 제게 짝으로 주신 여자가 그 나무의 열매를 주기에, 제가 먹었습니다."

하나님께서 여자에게 물으셨다. "네가 어찌하여 이런 일을 저질렀느냐?"

¹³ 여자가 대답했다. "뱀이 꾀어서, 제가 먹었습니다."

14-15 **하나님**께서 뱀에게 말씀하셨다.

"네가 이런 일을 저질렀으니,

너는 모든 집짐승과 들짐승보다 더 저주를 받아
평생토록 배로 기어 다니면서
흙을 먹어야 할 것이다.
내가 너와 여자 사이에
네 후손과 여자의 후손 사이에 전쟁을 일으킬 것이다.
여자의 후손은 네 머리를 상하게 하고
너는 그의 발뒤꿈치를 상하게 할 것이다."

16 여자에게는 이렇게 말씀하셨다.
"내가 네게 해산의 고통을 크게 더하겠다.
너는 고통 속에서 아이를 낳을 것이다.
너는 네 남편을 기쁘게 해주려고 하겠지만
그는 너를 지배하려 들 것이다."

17-19 남자에게는 이렇게 말씀하셨다.
"네가 네 아내의 말을 듣고
내가 네게 먹지 말라고 한
나무의 열매를 먹었으니,
땅이 너로 인하여 저주를 받을 것이다.
아이 낳는 것이 네 아내에게 고통스러운 일이듯이
네가 땅에서 양식을 얻는 것도
고통스러운 일이 될 것이다.
너는 평생토록 수고하며 일해야 할 것이다.

땅은 가시와 엉겅퀴를 내고
너는 죽어서 흙으로 돌아가는 그날까지
새벽부터 저녁까지 땀 흘리며
들에서 씨를 뿌리고 밭을 갈고 수확해야만
양식을 얻을 수 있을 것이다.
너는 흙에서 시작되었으니, 흙으로 끝날 것이다.”

²⁰ 아담이라 알려진 그 남자는, 자기 아내에게 하와라는 이름을 지어 주었다. 그녀가 살아 있는 모든 것의 어머니였기 때문이다.

²¹ **하나님**께서 아담과 그의 아내에게 가죽옷을 만들어 입히셨다.

²² **하나님**께서 말씀하셨다. “이 사람이 우리 가운데 하나처럼 선에서 악까지 모든 것을 알게 되었다. 이제 그가 손을 뻗어 생명나무 열매도 따서 먹고 영원히 살면 어찌하겠는가? 그런 일이 결코 일어나서는 안된다!”

²³⁻²⁴ 그래서 **하나님**은 그들을 에덴 동산에서 내쫓으시고, 그들이 흙으로 지어졌으므로 흙을 일구게 하셨다. **하나님**께서 그들을 쫓아내신 다음, 동산 동쪽에 그룹 천사들과 회전하는 불칼을 두셔서, 생명나무에 이르는 길을 지키게 하셨다.

가인과 아벨

4 ¹ 아담이 자기 아내 하와와 잠자리를 같이하니, 하와가 임신하여 가인을 낳았다. 하와가 말했다. "내가 **하나님**의 도우심으로 사내아이를 얻었다!"

² 하와가 또 아벨이라는 아이를 낳았다. 아벨은 양을 치는 목자가 되고, 가인은 농부가 되었다.

³⁻⁵ 시간이 흘렀다. 가인은 자기 밭에서 거둔 곡식을 **하나님**께 제물로 가져왔고, 아벨도 자신이 기르는 양 떼의 첫 새끼 가운데서 가장 좋은 부위를 골라 제물로 가져왔다. **하나님**께서 아벨과 그의 제물은 반기셨으나, 가인과 그의 제물은 반기지 않으셨다. 가인은 화를 내며 언짢아했다.

⁶⁻⁷ **하나님**께서 가인에게 말씀하셨다. "어찌하여 화를 내느냐? 언짢아하는 까닭이 무엇이냐? 네가 잘하면, 내가 받아들이지 않겠느냐? 네가 잘못하여서 죄가 숨어 너를 덮치려고 하니, 너는 죄를 다스려야 한다."

⁸ 가인이 아우 아벨과 말다툼을 했다. 그들이 들에 나갔을 때, 가인이 아우 아벨을 덮쳐서 죽였다.

⁹ **하나님**께서 가인에게 물으셨다. "네 아우 아벨이 어디 있느냐?"

가인이 대답했다. "제가 어떻게 알겠습니까? 제가 그를 돌보는 사람입니까?"

¹⁰⁻¹² **하나님**께서 말씀하셨다. "네가 무슨 일을 저질렀느냐? 네 아우의 피가 땅에서 내게 울부짖고 있구나. 이제부터 너

는 이 땅에서 저주를 받게 될 것이다. 땅이 두 팔을 벌려 살해된 네 아우의 피를 받았으니, 너는 이 땅에서 쫓겨날 것이다. 네가 땅을 일구어도, 땅은 네게 더 이상 좋은 것을 내주지 않을 것이다. 너는 정처 없이 세상을 떠도는 자가 될 것이다."

13-14 가인이 **하나님**께 아뢰었다. "그 형벌은 제게 너무 가혹합니다. 저는 그것을 감당할 수 없습니다! 하나님께서 저를 이 땅에서 쫓아내셨으니, 제가 다시는 하나님을 뵐 수 없게 되었습니다. 제가 정처 없이 세상을 떠돌면, 만나는 사람마다 저를 죽이려고 할 것입니다."

15 **하나님**께서 그에게 말씀하셨다. "그렇지 않다. 누구든지 가인을 죽이는 자는 일곱 배의 벌을 받을 것이다." **하나님**께서 가인을 지키기 위해 그에게 표를 해주셔서, 어느 누가 그를 만나더라도 그를 죽이지 못하게 하셨다.

16 가인은 **하나님** 앞을 떠나, 에덴 동쪽에 있는 '아무도 살지 않는 땅'에서 살았다.

17-18 가인이 자기 아내와 잠자리를 같이하니, 그의 아내가 임신하여 에녹을 낳았다. 그때에 가인이 도시를 세우고, 자기 아들의 이름을 따서 그 도시의 이름을 에녹이라고 했다.

에녹은 이랏을 낳고
이랏은 므후야엘을 낳고
므후야엘은 므드사엘을 낳고
므드사엘은 라멕을 낳았다.

¹⁹⁻²² 라멕은 아다와 씰라를 아내로 맞이했다. 아다는 야발을 낳았는데, 그는 장막에 살면서 가축을 치는 모든 사람의 조상이 되었다. 그의 아우 이름은 유발인데, 그는 수금과 피리를 연주하는 모든 사람의 조상이 되었다. 씰라는 두발가인을 낳았는데, 그는 대장간에서 구리와 쇠로 여러 기구를 만드는 사람이었다. 그의 누이는 나아마였다.

²³⁻²⁴ 라멕이 자기 아내들에게 말했다.
"아다와 씰라는 내 말을 들으시오.
라멕의 아내들이여, 내 말에 귀를 기울이시오.
내게 상처를 입힌 남자를 내가 죽였소.
나를 공격한 젊은 남자를 내가 죽였소.
가인을 해친 자가 일곱 배의 벌을 받는다면,
라멕을 해친 자는 일흔일곱 배의 벌을 받을 것이오!"

²⁵⁻²⁶ 아담이 다시 자기 아내와 잠자리를 같이했다. 그녀가 아들을 낳고 그 이름을 셋이라고 했다. 그녀가 이렇게 말했다. "가인에게 죽은 아벨을 대신해서 하나님께서 내게 또 다른 아이를 주셨다." 셋도 아들을 낳고 그 이름을 에노스라고 했다. 그때부터 사람들이 **하나님**의 이름으로 기도하고 예배하기 시작했다.

인류의 족보

5 ¹⁻² 인류의 족보는 이러하다. 하나님께서 인류를 창조하실 때, 하나님의 형상대로, 하나님의 본성을 닮은 존재로 만드셨다. 하나님께서 남자와 여자를 창조하시고, 그들 곧 온 인류에게 복을 주셨다.

³⁻⁵ 아담은 백서른 살에 자신을 꼭 닮은 아들, 그 성품과 모습이 자신을 빼닮은 아들을 낳고 그 이름을 셋이라고 했다. 셋을 낳은 뒤에 그는 800년을 더 살면서 자녀를 낳았다. 아담은 모두 930년을 살고 죽었다.

⁶⁻⁸ 셋은 백다섯 살에 에노스를 낳았다. 에노스를 낳은 뒤에 그는 807년을 더 살면서 자녀를 낳았다. 셋은 모두 912년을 살고 죽었다.

⁹⁻¹¹ 에노스는 아흔 살에 게난을 낳았다. 게난을 낳은 뒤에 그는 815년을 더 살면서 자녀를 낳았다. 에노스는 모두 905년을 살고 죽었다.

¹²⁻¹⁴ 게난은 일흔 살에 마할랄렐을 낳았다. 마할랄렐을 낳은 뒤에 그는 840년을 더 살면서 자녀를 낳았다. 게난은 모두 910년을 살고 죽었다.

¹⁵⁻¹⁷ 마할랄렐은 예순다섯 살에 야렛을 낳았다. 야렛을 낳은 뒤에 그는 830년을 더 살면서 자녀를 낳았다. 마할랄렐은 모두 895년을 살고 죽었다.

¹⁸⁻²⁰ 야렛은 백예순두 살에 에녹을 낳았다. 에녹을 낳은 뒤에 그는 800년을 더 살면서 자녀를 낳았다. 야렛은 모두

962년을 살고 죽었다.

21-23 에녹은 예순다섯 살에 므두셀라를 낳았다. 에녹은 늘 하나님과 동행했다. 므두셀라를 낳은 뒤에 그는 300년을 더 살면서 자녀를 낳았다. 에녹은 모두 365년을 살았다.

24 에녹은 늘 하나님과 동행하다가, 어느 날 홀연히 사라졌다. 하나님께서 그를 데려가신 것이다.

25-27 므두셀라는 백여든일곱 살에 라멕을 낳았다. 라멕을 낳은 뒤에 그는 782년을 더 살았다. 므두셀라는 모두 969년을 살고 죽었다.

28-31 라멕은 백여든두 살에 아들을 낳았다. 그는 아들의 이름을 노아라 하고, 이렇게 말했다. "이 아이는 **하나님**께서 저주하신 땅을 일구는 고된 일에서 우리를 쉬게 해줄 것이다." 노아를 낳은 뒤에 그는 595년을 더 살면서 자녀를 낳았다. 라멕은 모두 777년을 살고 죽었다.

32 노아는 오백 살에 셈과 함과 야벳을 낳았다.

땅의 거인들

6 1-2 사람들의 수가 늘어나기 시작하고 그들에게서 점점 더 많은 딸들이 태어나자, 하나님의 아들들이 사람의 딸들의 아름다움을 주목했다. 그들이 사람의 딸들을 눈여겨보고는, 저마다 자기 마음에 드는 대로 자기 아내로 삼았다.

3 그러자 **하나님**께서 말씀하셨다. "내가 사람들에게 영원히

생명을 불어넣지는 않을 것이다. 결국 그들은 죽게 될 것이다. 이제부터 그들은 120년밖에 살지 못할 것이다."

⁴ 그 무렵 (그리고 그 후에도) 땅에는 거인들이 있었다. 그들은 하나님의 아들들과 사람의 딸들 사이에서 태어난 자들이었다. 그들은 고대의 용사들로서, 이름난 사람들이었다.

하나님과 동행한 노아

⁵⁻⁷ **하나님**께서 사람의 악이 통제 불능 상태가 되었음을 보셨다. 사람들은 눈을 떠서 잠들 때까지 온통 악한 것만 생각하고 악한 것만 꾀했다. **하나님**께서 사람 지으신 것을 후회하시고 마음 아파하셨다. **하나님**께서 말씀하셨다. "내가 타락한 내 피조물을 없애 버리겠다. 사람과 짐승, 뱀, 곤충, 새들을 가리지 않고 다 쓸어버리겠다. 그것들을 만든 것이 후회스럽구나."

⁸ 그러나 노아만은 달랐다. 노아는 **하나님**의 눈에 쏙 들었다.

⁹⁻¹⁰ 노아의 이야기는 이러하다. 노아는 자기 공동체에서 선하고 흠 없는 사람이었다. 노아는 하나님과 동행했다. 노아는 세 아들 곧 셈과 함과 야벳을 두었다.

¹¹⁻¹² 하나님께서 보시기에 세상은 이미 시궁창이 되어 있었고, 악이 곳곳에 퍼져 있었다. 하나님께서 보시기에 세상이 얼마나 타락했던지, 모든 사람이 썩어 있었고, 생명 자체가 속속들이 썩어 있었다.

¹³ 하나님께서 노아에게 말씀하셨다. "다 끝났다. 사람도 끝이다. 악이 도처에 퍼져 있으니, 내가 깨끗이 쓸어버리겠다. ¹⁴⁻¹⁶ 너는 티크나무로 배를 한 척 만들어라. 배 안에 방을 여러 개 만들고, 역청으로 배 안팎을 칠하여라. 배의 길이는 140미터, 너비는 23미터, 높이는 14미터가 되게 하여라. 배에 지붕을 달고, 맨 위에서 45센티미터 아래에 창을 하나 내고, 배 옆쪽에 출입문을 내어라. 그리고 아래층과 가운데 층과 위층, 이렇게 삼층으로 만들어라.

¹⁷ 내가 땅 위에 홍수를 일으켜, 하늘 아래 살아 있는 모든 것을 없애 버리겠다. 모든 것을 멸하겠다.

¹⁸⁻²¹ 그러나 내가 너와는 언약을 맺을 것이다. 너는 네 아들들과 아내와 며느리들과 함께 배에 들어가거라. 살아 있는 모든 것 가운데서 암수 한 쌍씩을 데리고 배에 들어가서, 너와 함께 살아남게 하여라. 새도 그 종류대로, 포유동물도 그 종류대로, 땅에 기어 다니는 것도 그 종류대로 한 쌍씩 데리고 들어가서, 너와 함께 살아남게 하여라. 네게 필요한 모든 양식을 가져다가 쌓아 두어라. 이것은 너와 짐승들의 양식이 될 것이다."

²² 노아는 하나님께서 명령하신 대로 다 행했다.

홍수가 땅을 덮다

7 ¹ 그 후에 **하나님**께서 노아에게 말씀하셨다. "너는 가족들을 다 데리고 배에 들어가거라. 이 세대의 모

든 사람 가운데 의로운 사람이라고는 오직 너밖에 없다.

2-4 모든 정결한 짐승은 암수 일곱 쌍씩, 모든 부정한 짐승은 암수 한 쌍씩, 모든 날짐승은 암수 일곱 쌍씩 배에 태워서, 땅 위에 살아남게 하여라. 이제 칠 일이 지나면, 내가 사십 일 동안 밤낮을 가리지 않고 온 땅에 비를 퍼부을 것이다. 내가 만든 모든 것을 다 쓸어버릴 것이다."

5 노아는 **하나님**께서 명령하신 대로 다 행했다.

6-10 홍수가 땅을 덮은 것은 노아가 육백 살 되던 해였다. 노아와 그의 아내와 아들들과 며느리들은 홍수를 피해 배에 들어갔다. 정결한 짐승과 부정한 짐승, 날짐승과 땅 위를 기어 다니는 모든 짐승도, 하나님께서 노아에게 명령하신 대로, 암수 짝을 지어 노아에게로 와서 배에 들어갔다. 칠 일이 지나자 홍수가 났다.

11-12 노아가 육백 살 되던 해 둘째 달, 그달 십칠 일에, 땅속 깊은 샘들이 모두 터지고, 하늘의 창들이 모두 열렸다. 사십 일 동안 밤낮으로 비가 땅 위에 쏟아졌다.

13-16 바로 그날, 노아는 자기의 세 아들 셈, 함, 야벳과, 자기 아내와 며느리들을 데리고 배에 들어갔다. 그들과 함께, 온갖 종류의 들짐승과 집짐승, 땅 위를 기어 다니는 온갖 짐승과 날아다니는 온갖 짐승도 짝을 지어 노아에게로 와서 배에 들어갔다. 하나님께서 노아에게 명령하신 대로, 살아 숨 쉬는 모든 것이 암수 짝을 지어 배에 들어갔다. 그런 다음 노아가 들어가자, **하나님**께서 배의 문을 닫으셨다.

17-23 홍수가 사십 일 동안 계속되어 물이 차오르자, 배가 땅에서 높이 떠올랐다. 물이 계속해서 불어나 수위가 높아지자, 배가 수면에 떠다녔다. 홍수가 더욱 심해져, 가장 높은 산들까지 잠겼다. 수위가 그 산들의 봉우리보다 6미터 정도 더 높아졌다. 모든 것이 죽었다. 살아 움직이는 모든 것이 죽었다. 날짐승, 집짐승, 들짐승 할 것 없이 땅에 가득한 모든 생물이 죽었다. 사람도 다 죽었다. 마른 땅 위에 살면서 숨을 쉬는 모든 것이 죽었다. 하나님께서는 사람과 짐승, 기어 다니는 것과 날아다니는 새까지, 모든 피조물을 남김없이 쓸어버리셨다. 오직 노아와 그와 함께 배에 있던 가족과 짐승들만 살아남았다.

24 홍수는 백오십 일 동안 계속되었다.

노아가 하나님께 제단을 쌓다

8 1-3 그때에 하나님께서 노아와, 그와 함께 배에 있는 모든 들짐승과 집짐승들을 돌아보셨다. 하나님께서 바람을 일으키시니, 물이 줄어들기 시작했다. 땅속 깊은 샘들이 막히고, 하늘의 창들이 닫히고, 비가 그쳤다. 물이 조금씩 줄어들어서, 백오십 일이 지나자 고비를 넘겼다.

4-6 일곱째 달 십칠 일에, 배가 아라랏 산에 닿았다. 물은 열째 달이 될 때까지 계속 줄어서, 열째 달 첫째 날에 산봉우리들이 드러났다. 사십 일이 지난 뒤에 노아는 자신이 배에 단 창문을 열었다.

7-9 노아가 까마귀 한 마리를 내보냈다. 까마귀는 물이 마르기를 기다리며 이리저리 날아다니기만 했다. 그는 또 홍수의 상태를 알아보려고 비둘기 한 마리를 내보냈다. 그러나 물이 아직 땅을 뒤덮고 있어서, 비둘기는 내려앉을 곳을 찾지 못했다. 노아가 손을 뻗어 비둘기를 잡아서, 배 안으로 들여놓았다.

10-11 노아는 칠 일을 더 기다려 다시 비둘기를 내보냈다. 비둘기는 저녁때가 되어 돌아왔는데, 부리에 올리브 새순을 물고 있었다. 노아는 땅에서 물이 거의 다 빠진 것을 알았다.

12 노아가 다시 칠 일을 기다려 세 번째로 비둘기를 내보냈다. 이번에는 비둘기가 돌아오지 않았다.

13-14 노아가 육백한 살이 되던 해 첫째 달 첫째 날에, 물이 말랐다. 노아가 배의 뚜껑을 열고 보니, 땅이 말라 있었다. 둘째 달 이십칠 일에, 땅이 완전히 말랐다.

15-17 하나님께서 노아에게 말씀하셨다. "너는 네 아내와 아들들과 며느리들과 함께 배에서 나오너라. 모든 짐승, 곧 모든 새와 포유동물과 기어 다니는 것까지, 이 배에 가득한 저 생명들을 모두 데리고 나오너라. 그것들이 땅에서 새끼를 낳고 번성하게 하여라."

18-19 노아가 자기 아들들과 아내와 며느리들을 데리고 배에서 나오자, 모든 짐승과 기어 다니는 짐승과 새, 곧 땅 위의 모든 동물이 종류대로 배에서 나왔다.

20-21 노아는 **하나님**께 제단을 쌓았다. 그는 모든 짐승과 새

들 가운데서 정결한 것을 골라 제단 위에 번제물로 드렸다. **하나님**께서 그 향기를 맡으시고 마음속으로 생각하셨다. "내가 다시는 사람 때문에 땅을 저주하지 않을 것이다. 사람은 어려서부터 악으로 기울어지게 마련이니, 다시는 내가 이번처럼 살아 있는 모든 것을 죽이지 않을 것이다.

²² 땅이 존재하는 한,
씨를 뿌리고 거두는 일, 추위와 더위,
여름과 겨울, 낮과 밤이
멈추지 않을 것이다."

내가 너희와 언약을 맺겠다

9 ¹⁻⁴ 하나님께서 노아와 그의 아들들에게 복을 주시며 말씀하셨다. "자녀를 낳고, 번성하여라! 땅에 가득하여라! 새와 짐승과 물고기를 포함한 살아 있는 모든 것이 너희 앞에서 꼼짝 못하고, 너희를 두려워할 것이다. 너희가 이것들을 책임지고 돌보아라. 살아 있는 모든 것이 너희의 양식이 될 것이다. 전에 내가 식물을 양식으로 주었듯이, 이제 이 모든 것을 너희에게 양식으로 준다. 그러나 고기는 생명인 피가 들어 있는 채로 먹어서는 안된다.

⁵ 생명인 피를 흘리게 하는 자에게는 내가 반드시 갚아 줄 것이다. 짐승이든 사람이든 피를 흘리게 하는 자에게는 내가 반드시 갚아 줄 것이다.

6-7 다른 사람의 피를 흘리게 하는 자는

그 자신도 피 흘림을 당할 것이다.

하나님께서 자신의 형상대로 사람을 지으셔서

하나님의 본성을 드러내게 하셨기 때문이다.

너희는 좋은 결실을 맺고, 번성하여라.

이 땅에 생명이 가득하게 하고, 풍성하게 누리며 살아라!"

8-11 하나님께서 노아와 그의 아들들에게 말씀하셨다. "내가 너희와, 너희 뒤에 올 너희 자손과 언약을 맺겠다. 또한 너희와 함께 살아 있는 모든 것, 곧 너희가 배에서 데리고 나온 새와 집짐승과 들짐승과도 언약을 맺을 것이다. 내가 너희와 언약을 맺어, 다시는 살아 있는 모든 것을 홍수로 멸망시키지 않을 것이다. 다시는 홍수가 땅을 멸망시키지 못하게 하겠다."

12-16 하나님께서 말씀하셨다. "이것은 내가 너희와 그리고 너희와 함께 살아 있는 모든 것과, 너희 뒤를 이어 살게 될 모든 후손과 맺는 언약의 표다. 내가 구름 사이에 무지개를 걸어 두겠다. 그것이 나와 땅 사이에 맺은 언약의 표가 될 것이다. 이제부터 땅 위에 구름이 일어나 그 사이로 무지개가 나타나면, 내가 너희와 살아 있는 모든 것과 맺은 나의 언약을 기억하고, 내가 다시는 홍수로 모든 생명을 멸망시키지 않을 것이다. 구름 사이로 무지개가 나타날 때마다 내가 그것을 보고, 나 하나님이 살아 있는 모든 것, 곧 땅 위의

살아 있는 모든 것과 맺은 영원한 언약을 기억할 것이다."
 17 하나님께서 말씀하셨다. "이것이 내가, 나와 땅 위의 살
아 있는 모든 것 사이에 맺은 언약의 표다."

18-19 배에서 나온 노아의 아들들은 셈과 함과 야벳이었다.
함은 가나안의 조상이 되었다. 노아의 세 아들로 말미암아
온 땅은 사람들로 북적이게 되었다.

20-23 노아는 농부로서, 최초로 포도밭을 가꾼 사람이었다.
그가 포도주를 마시고 취하여, 자기 장막에서 벌거벗은 채
정신없이 곯아떨어져 있었다. 가나안의 조상 함이 아버지의
벌거벗은 모습을 보고, 장막 밖에 있던 두 형제에게 알렸다.
셈과 야벳은 겉옷을 가져다가 어깨에 걸치고 뒷걸음질해 들
어가서, 아버지의 벌거벗은 몸을 덮어 드렸다. 그들은 아버
지의 벌거벗은 몸을 보지 않으려고 얼굴을 돌렸다.
24-27 노아가 술에서 깨어나, 작은아들이 행한 일을 알고 이
렇게 말했다.

　가나안은 저주를 받으라!
　종들의 종, 자기 형제들의 종이 되리라!
　셈의 하나님, **하나님**은 찬양을 받으소서!
　그러나 가나안은 그의 종이 되리라.
　하나님께서 야벳을 번성하게 하시고

셈의 장막에서 넉넉하게 살게 하시리라.

그러나 가나안은 그의 종이 되리라.

28-29 노아는 홍수가 있은 뒤에 350년을 더 살았다. 그는 모두
950년을 살고 죽었다.

노아 자손의 족보

10

¹ 노아의 세 아들, 셈과 함과 야벳의 족보는 이러
하다. 홍수가 있은 뒤에 그들이 아들들을 낳았다.

² 야벳의 아들은 고멜, 마곡, 마대, 야완, 두발, 메섹, 디라
스다.

³ 고멜의 아들은 아스그나스, 리밧, 도갈마다.

4-5 야완의 아들은 엘리사, 달시스, 깃딤, 로다님이다. 이
들로부터 바닷가에 사는 여러 민족이 나왔다. 이들 민족은
저마다 자기 지역에서 자기 언어를 가지고 종족을 이루며
살았다.

⁶ 함의 아들은 구스, 이집트, 붓, 가나안이다.

⁷ 구스의 아들은 쓰바, 하윌라, 삽다, 라아마, 삽드가다.
라아마의 아들은 스바, 드단이다.

8-12 구스는 또 니므롯을 낳았는데, 니므롯은 세상에 처음
등장한 위대한 용사였다. 그는 하나님 앞에서 탁월한 사냥
꾼이었다. 그래서 "하나님 앞에서 탁월한 사냥꾼 니므롯

처럼"이라는 말이 생겨났다. 그의 나라는 시날 땅 바벨과 에렉과 악갓과 갈레에서 시작되었다. 그는 그 땅을 떠나 앗수르로 가서, 니느웨와 르호보딜과 갈라를 세우고, 니느웨와 큰 성 갈라 사이에 레센을 세웠다.

13-14 이집트는 루드인, 아남인, 르합인, 납두인, 바드루스인, (블레셋의 조상인) 가슬루힘, 갑돌인의 조상이 되었다.

15-19 가나안은 맏아들 시돈과 헷을 낳았고, 그에게서 여부스 사람, 아모리 사람, 기르가스 사람, 히위 사람, 알가 사람, 신 사람, 아르왓 사람, 스말 사람, 하맛 사람이 나왔다. 나중에 가나안 사람은 시돈에서 그랄 쪽으로, 남쪽으로는 멀리 가사까지, 그 후에 동쪽으로는 소돔과 고모라와 아드마와 스보임을 넘어 라사까지 퍼져 나갔다.

20 이들은 종족과 언어와 지방과 민족을 따라 살펴본 함의 후손이다.

21 야벳의 형 셈도 아들들을 낳았다. 셈은 에벨 모든 자손의 조상이 되었다.

22 셈의 아들은 엘람, 앗수르, 아르박삿, 룻, 아람이다.

23 아람의 아들은 우스, 홀, 게델, 메섹이다.

24-25 아르박삿은 셀라를 낳고, 셀라는 에벨을 낳았다. 에벨은 두 아들 벨렉과 욕단을 낳았다. (벨렉이라는 이름은 그의 시대에 인류가 나뉘어졌다고 해서 붙여진 이름이다.)

26-30 욕단은 알모닷, 셀렙, 하살마웻, 예라, 하도람, 우살, 디

글라, 오발, 아비마엘, 스바, 오빌, 하윌라, 요밥을 낳았다.
이들은 모두 욕단의 아들들이다. 이들의 거주지는 메사에서
동쪽 산지인 스발까지였다.

31 이들은 종족과 언어와 지방과 민족을 따라 살펴본 셈의
후손이다.

32 이것은 여러 민족으로 갈라져 나간 노아 자손의 족보다.
홍수가 있은 뒤에 이들로부터 여러 민족이 갈라져 세상으로
뻗어 나갔다.

하나님께서 사람들의 언어를 혼란스럽게 하시다

11

1-2 한때 온 세상이 같은 언어를 사용했다. 그들
은 동쪽에서 이주해 오다가 시날 땅 한 평지에
이르러 그곳에 정착했다.

3 그들이 서로 말했다. "자, 벽돌을 만들어 단단하게 구워 내
자." 그들은 돌 대신 벽돌을 사용하고, 진흙 대신 역청을 사
용했다.

4 그들이 말했다. "우리가 직접 도시를 세우고, 하늘까지 닿
는 탑을 쌓자. 우리의 이름을 드높여서, 우리가 온 땅에 흩
어지는 일이 없게 하자."

5 **하나님께서** 내려오셔서, 사람들이 세운 도시와 탑을 살펴
보셨다.

6-9 **하나님께서** 단번에 알아보시고 말씀하셨다. "백성도 하

나요 언어도 하나이니, 이것은 시작에 불과하다. 저들이 다음에 무슨 일을 할지 안 봐도 눈에 선하다. 저들은 무슨 일이든 거침없이 할 것이다! 자, 우리가 내려가서 저들의 말을 어지럽혀, 저들이 서로 알아듣지 못하게 하자." **하나님**께서 그들을 그곳에서 세상 곳곳으로 흩어 버리셨다. 그래서 그들은 도시 세우는 일을 그만두어야 했다. **하나님**께서 그들의 언어를 혼란스럽게 하셨으므로, 그곳의 이름을 바벨이라고 했다. **하나님**께서 그들을 그곳에서 세상 곳곳으로 흩어 버리셨다.

셈의 족보

10-11 셈의 이야기는 이러하다. 셈은 홍수가 있은 지 두 해가 지나서 백 살에 아르박삿을 낳았다. 아르박삿을 낳은 뒤에 그는 500년을 더 살면서 자녀를 낳았다.

12-13 아르박삿은 서른다섯 살에 셀라를 낳았다. 셀라를 낳은 뒤에 그는 403년을 더 살면서 자녀를 낳았다.

14-15 셀라는 서른 살에 에벨을 낳았다. 에벨을 낳은 뒤에 그는 403년을 더 살면서 자녀를 낳았다.

16-17 에벨은 서른네 살에 벨렉을 낳았다. 벨렉을 낳은 뒤에 그는 430년을 더 살면서 자녀를 낳았다.

18-19 벨렉은 서른 살에 르우를 낳았다. 르우를 낳은 뒤에 그는 209년을 더 살면서 자녀를 낳았다.

20-21 르우는 서른두 살에 스룩을 낳았다. 스룩을 낳은 뒤에

그는 207년을 더 살면서 자녀를 낳았다.

22-23 스룩은 서른 살에 나홀을 낳았다. 나홀을 낳은 뒤에 그는 200년을 더 살면서 자녀를 낳았다.

24-25 나홀은 스물아홉 살에 데라를 낳았다. 데라를 낳은 뒤에 그는 119년을 더 살면서 자녀를 낳았다.

26 데라는 일흔 살에 아브람과 나홀과 하란을 낳았다.

데라의 족보

27-28 데라의 이야기는 이러하다. 데라는 아브람과 나홀과 하란을 낳았다.

하란은 롯을 낳았다. 하란은 자기 가족의 고향인 갈대아 우르에서 아버지 데라보다 먼저 죽었다.

29 아브람과 나홀이 각자 아내를 맞아들였다. 아브람의 아내 이름은 사래였고, 나홀의 아내 이름은 밀가였다. 밀가는 나홀의 형제인 하란의 딸이었다. 하란에게는 두 딸이 있었는데, 밀가와 이스가였다.

30 사래는 임신을 못해서 자식이 없었다.

31 데라는 아들 아브람과 (하란의 아들인) 손자 롯과 (아브람의 아내인) 며느리 사래를 데리고 갈대아 우르를 떠나 가나안 땅을 향해 갔다. 그러나 도중에 하란에 이르러, 그곳에 자리를 잡고 살았다.

32 데라는 205년을 살고 하란에서 죽었다.

하나님께서 아브람을 부르시다

12

¹ 하나님께서 아브람에게 말씀하셨다. "네 고향과 네 가족과 네 아버지 집을 떠나, 내가 네게 보여줄 땅으로 가거라.

2-3 내가 너를 큰 민족이 되게 하고
네게 복을 주겠다.
내가 네 이름을 떨치게 할 것이니
너는 복의 근원이 될 것이다.
너를 축복하는 사람에게는 내가 복을 내리고
너를 저주하는 사람에게는 내가 저주를 내리겠다.
세상 모든 민족이
너로 인하여 복을 받을 것이다."

4-6 아브람은 **하나님**께서 말씀하신 대로 길을 떠났다. 롯도 아브람을 따라 떠났다. 아브람이 하란을 떠날 때, 그의 나이는 일흔다섯 살이었다. 아브람은 아내 사래와 조카 롯과 모든 재산과 하란에서 얻은 사람들을 데리고 가나안 땅을 향해 길을 떠나, 마침내 그 땅에 무사히 도착했다.
아브람은 그 땅을 지나서 세겜 땅 모레의 상수리나무가 있는 곳에 이르렀다. 당시 그 땅에는 가나안 사람이 살고 있었다.
⁷ **하나님**께서 아브람에게 나타나셔서 말씀하셨다. "내가 이 땅을 네 자손에게 주겠다." 아브람은 **하나님**께서 자신에게

나타나신 그곳에 제단을 쌓았다.

⁸ 아브람이 그곳을 떠나 베델 동쪽에 있는 산지로 가서, 서쪽
으로는 베델이 보이고 동쪽으로는 아이가 보이는 곳에 장막
을 쳤다. 그는 그곳에 제단을 쌓고 하나님께 기도를 드렸다.

⁹ 아브람이 또 길을 떠나서, 줄곧 남쪽으로 길을 잡아 네겝
지역에 이르렀다.

¹⁰⁻¹³ 그때 그 땅에 기근이 들었다. 기근이 극심했기 때문에,
아브람은 이집트로 내려가 살았다. 이집트 근처에 이르러,
그는 자기 아내 사래에게 말했다. "여보, 알다시피 당신은
아름다운 여인이잖소. 이집트 사람들이 당신을 보면, '아,
저 여인은 그의 아내구나!' 하면서, 나는 죽이고 당신은 살
려 둘 것이오. 부탁이니, 당신이 내 누이라고 말해 주시오.
당신 덕에 내가 그들의 환대를 받고 목숨도 부지할 수 있을
거요."

¹⁴⁻¹⁵ 아브람이 이집트에 이르렀을 때, 이집트 사람들은 그
의 아내가 눈부시게 아름다운 여인임을 한눈에 알아보았다.
바로의 대신들이 바로 앞에서 그 여인의 아름다움을 칭찬했
다. 그리하여 사래는 바로의 거처로 불려 들어갔다.

¹⁶⁻¹⁷ 아브람은 아내 덕에 대접을 잘 받았다. 그는 양과 소,
암나귀와 수나귀, 남종과 여종, 그리고 낙타까지 얻었다. 그
러나 하나님께서는 아브람의 아내 사래의 일로 바로를 심하
게 치셨다. 궁에 있던 모든 사람이 중병에 걸린 것이다.

18-19 바로가 아브람을 불러 말했다. "네가 어찌하여 내게 이런 일을 행하였느냐? 그녀가 네 아내라고 왜 말하지 않았느냐? 어찌하여 너는 그녀가 네 누이라고 말하여, 내가 그녀를 아내로 삼게 할 뻔했느냐? 여기, 네 아내를 돌려줄 테니, 데리고 나가거라!"

20 바로는 신하들을 시켜 아브람을 그 나라에서 내보냈다. 그들은 아브람이 자기 아내와 자신의 모든 소유를 가지고 나가게 했다.'

아브람과 롯이 갈라지다

13 1-2 아브람은 아내와 자신의 모든 소유를 가지고 이집트를 떠나 네겝 지역으로 돌아갔다. 롯도 그와 함께 갔다. 이제 아브람은 가축과 은과 금이 많은 큰 부자가 되었다.

3-4 아브람은 네겝 지역을 떠나 장막생활을 하면서 베델로 갔다. 그곳은 전에 그가, 베델과 아이 사이에 장막을 치고 처음으로 제단을 쌓은 곳이었다. 아브람은 거기서 **하나님**께 기도를 드렸다.

5-7 아브람과 함께 다니던 롯도 양과 소와 장막이 많은 부자였다. 그 땅은 그들이 함께 살기에는 비좁았다. 그들의 재산이 너무 많았으므로, 그들은 그곳에서 함께 살 수 없었다. 아브람과 롯의 목자들 사이에 다툼이 일어나기도 했다. 그때 그 땅에는 가나안 사람과 브리스 사람도 살고 있었다.

8-9 아브람이 롯에게 말했다. "너와 나 사이에, 네 목자들과 내 목자들 사이에 다툼이 있어서는 안된다. 어쨌든 우리는 한 가족이 아니냐? 주위를 둘러보아라. 저기 넓은 땅이 보이지 않느냐? 그러니 따로 떨어져 살자꾸나. 네가 왼쪽으로 가면 나는 오른쪽으로 가고, 네가 오른쪽으로 가면 나는 왼쪽으로 가겠다."

10-11 롯이 바라보니, 요단 온 들판이 소알에 이르기까지 물이 넉넉하여, **하나님**의 동산 같고 이집트 땅과 같았다. (그때는 **하나님**께서 소돔과 고모라를 멸망시키시기 전이었다.) 롯은 요단 온 들판을 택하고 동쪽으로 출발했다.

11-12 그렇게 해서 삼촌과 조카는 갈라지게 되었다. 아브람은 가나안에 자리를 잡았고, 롯은 평지의 여러 도시에서 살다가 소돔 근처에 장막을 쳤다.

13 소돔 사람들은 악해서, **하나님**을 거슬러 극악한 죄를 짓는 자들이었다.

14-17 롯이 아브람을 떠나간 뒤에, **하나님**께서 아브람에게 말씀하셨다. "네 눈을 들어 주위를 보아라. 북쪽과 남쪽, 동쪽과 서쪽을 둘러보아라. 네 눈에 보이는 모든 것, 네 앞에 펼쳐진 온 땅을, 내가 너와 네 자손에게 영원히 주겠다. 내가 네 후손을 땅의 먼지처럼 많아지게 하겠다. 땅의 먼지를 셀 수 없듯이 네 후손도 셀 수 없게 될 것이다. 일어나 걸어 보아라. 땅을 세로로 질러가 보기도 하고, 가로로 질러가 보기도 하여라. 내가 그 모든 것을 네게 주겠다."

¹⁸ 아브람은 장막을 옮겨, 헤브론에 있는 마므레의 상수리나무 숲 근처에 자리를 잡고 살았다. 그는 그곳에서 **하나님**께 제단을 쌓았다.

멜기세덱의 축복을 받다

14 ¹⁻² 그때에 이런 일이 있었다. 시날 왕 아므라벨, 엘라살 왕 아리옥, 엘람 왕 그돌라오멜, 고임 왕 디달이 전쟁을 일으켜서 소돔 왕 베라, 고모라 왕 비르사, 아드마 왕 시납, 스보임 왕 세메벨, 벨라 왕 소알과 싸웠다. ³⁻⁴ 공격을 받은 다섯 왕은 싯딤 골짜기, 곧 소금 바다에 집결했다. 그들은 십이 년 동안 그돌라오멜의 지배를 받다가, 십삼 년째 되는 해에 반란을 일으켰던 것이다.

⁵⁻⁷ 십사 년째 되는 해에 그돌라오멜이 자신과 동맹을 맺은 왕들과 함께 진격해 가서, 아스드롯가르나임에서 르바 사람을 치고, 함에서는 수스 사람을 치고, 사웨 기랴다임에서는 엠 사람을 치고, 세일 산지에서는 호리 사람을 쳐서, 사막 가장자리에 있는 엘 바란까지 이르렀다. 돌아오는 길에 그들은 엔미스밧, 곧 가데스에서 아멜렉 사람의 전 지역과 하사손다말에 사는 아모리 사람의 전 지역을 쳤다.

⁸⁻⁹ 그러자 소돔 왕이 고모라 왕, 아드마 왕, 스보임 왕, 벨라 왕 곧 소알 왕과 함께 진군하여, 싯딤 골짜기에서 적들과 맞서 전열을 가다듬었다. 엘람 왕 그돌라오멜, 고임 왕 디달, 시날 왕 아므라벨, 엘라살 왕 아리옥, 이 네 왕이 다섯 왕과

맞서 싸웠다.

10-12 싯딤 골짜기는 역청 수렁이 가득했다. 소돔 왕과 고모
라 왕이 달아나다가 역청 수렁에 빠지고, 나머지는 산지로
달아났다. 그러자 네 왕은 소돔과 고모라의 모든 재물과 양
식과 병기를 약탈하여 떠나갔다. 그들은 당시 소돔에 살고
있던 아브람의 조카 롯을 사로잡고, 그의 모든 소유도 빼앗
아 갔다.

13-16 도망쳐 나온 사람 하나가 히브리 사람 아브람에게 와
서 그 일을 알렸다. 그때 아브람은 아모리 사람 마므레의 상
수리나무 숲 근처에 살고 있었다. 마므레는 에스골과 형제
간이었고, 아넬과도 형제간이었다. 이들은 모두 아브람과
동맹을 맺은 사이였다. 아브람이 자기 조카가 포로로 끌려
갔다는 소식을 듣고 부하들을 모으니 318명이었다. 그들은
모두 아브람의 집에서 태어난 사람들이었다. 아브람은 그들
을 데리고 롯을 잡아간 자들을 추격해 단까지 갔다. 아브람
과 그의 부하들은 여러 패로 나뉘어 밤에 공격했다. 그들은
다마스쿠스 북쪽 호바까지 적들을 뒤쫓아 갔다. 그들은 약
탈당한 모든 것을 되찾았고, 아브람의 조카 롯과 그의 재물
뿐 아니라 부녀자들과 다른 사람들까지 되찾았다.

17-20 아브람이 그돌라오멜과 그와 동맹을 맺은 왕들을 쳐부
수고 돌아오자, 소돔 왕이 사웨 골짜기, 곧 왕의 골짜기로 나
와서 그를 맞이했다. 살렘 왕 멜기세덱이 빵과 포도주를 가
지고 나아왔다. 그는 지극히 높으신 하나님의 제사장이었다.

그가 아브람을 축복하며 말했다.

지극히 높으신 하나님, 하늘과 땅의 창조주께
아브람은 복을 받으리라.
그대의 원수들을 그대의 손에 넘겨주신,
지극히 높으신 하나님께서는 찬양을 받으소서.

아브람은 되찾은 재물의 십분의 일을 멜기세덱에게 주었다.
²¹ 소돔 왕이 아브람에게 말했다. "사람들은 내게 돌려주고,
재물은 그대가 다 가지시오."
²²⁻²⁴ 그러나 아브람은 소돔 왕에게 이렇게 말했다. "**하나님**
지극히 높으신 하나님, 하늘과 땅의 창조주께 맹세하건대,
나는 왕의 것을 하나도 가지지 않겠습니다. 왕의 것은 실오
라기 하나, 신발 끈 하나도 가지지 않겠습니다. 그것은 왕이
'내가 아브람을 부자로 만들어 주었다'고 말하지 못하게 하
려는 것입니다. 나에게는 아무것도 주지 마십시오. 다만 젊
은이들이 먹은 것과, 나와 함께 갔던 사람들, 곧 아넬과 에
스골과 마므레의 몫은 챙겨 주십시오. 그들은 자신들의 몫
을 받아 마땅합니다."

하나님께서 아브람과 언약을 맺으시다

15
¹ 이 모든 일이 있은 뒤에, **하나님**의 말씀이 환상
가운데 아브람에게 임했다. "아브람아, 두려워하

지 마라. 나는 네 방패다. 네가 받을 상이 매우 크다!"

2-3 아브람이 말했다. "주 **하나님**, 제게는 자식이 없어 다마스쿠스 사람 엘리에셀이 모든 것을 물려받을 텐데, 주께서 주시는 선물이 무슨 소용이 있겠습니까?" 아브람이 계속해서 말했다. "보십시오, 주께서 제게 자식을 주지 않으셨으니, 이제 제 집의 종이 모든 것을 상속받을 것입니다."

4 그러자 **하나님**의 **메시지**가 임했다. "걱정하지 마라. 그는 네 상속자가 아니다. 네 몸에서 태어날 아들이 네 상속자가 될 것이다."

5 **하나님**께서 아브람을 밖으로 데리고 나가셔서 말씀하셨다. "저 하늘을 바라보아라. 저 별들을 세어 보아라. 셀 수 있겠느냐? 네 자손을 세어 보아라! 아브람아, 너는 장차 큰 민족을 이룰 것이다!"

6 아브람이 믿었다! **하나님**을 믿었다! 하나님께서는 그가 "하나님과 바른 관계를 맺었다"고 선언해 주셨다.

7 **하나님**께서 계속 말씀하셨다. "나는 너를 갈대아 우르에서 데리고 나와, 이 땅을 네게 주어 소유하게 한 **하나님**이다."

8 아브람이 말했다. "주 **하나님**, 이 땅이 제 것이 되리라는 것을 제가 어떻게 알 수 있겠습니까?"

9 **하나님**께서 말씀하셨다. "삼 년 된 암송아지 한 마리와 삼 년 된 암염소 한 마리, 삼 년 된 숫양 한 마리, 산비둘기 한 마리, 그리고 집비둘기 한 마리를 내게 가져오너라."

10-12 아브람이 그 모든 짐승을 **하나님**께 가져와서 반으로 가

르고, 갈린 반쪽을 서로 마주 보게 차려 놓았다. 그러나 비
둘기들은 가르지 않았다. 독수리들이 짐승의 시체 위로 날
아들었으나, 아브람이 쫓아 버렸다. 해가 지자 아브람이 깊
은 잠에 빠졌는데, 공포와 어둠이 그를 짓눌렀다.

¹³⁻¹⁶ **하나님**께서 아브람에게 말씀하셨다. "이것을 알아 두
어라. 네 후손이 다른 나라에서 나그네로 살다가, 사백 년
동안 종살이를 하고 매질을 당하게 될 것이다. 그 후에 내가
그들의 주인으로 군림하는 자들을 벌할 것이다. 그러면 네
후손은 재물을 가득 가지고 거기서 나올 것이다. 그러나 너
는 장수를 누리다가 평안히 죽게 될 것이다. 네 후손은 사
대째가 되어서야 이 땅으로 돌아오게 될 것이다. 아직까지
는 아모리 사람의 죄가 한창 자라고 있기 때문이다."

¹⁷⁻²¹ 해가 져서 어두워지자, 연기 나는 화덕과 타오르는 횃
불이 갈라 놓은 짐승들 사이로 지나갔다. 그때 **하나님**께서
아브람과 언약을 맺으시며 말씀하셨다. "내가 이집트의 나
일 강에서부터 앗시리아의 유프라테스 강에 이르는 이 땅을
네 자손에게 주겠다. 이 땅은 겐 사람과 그니스 사람과 갓몬
사람과 헷 사람과 브리스 사람과 르바 사람과 아모리 사람
과 가나안 사람과 기르가스 사람과 여부스 사람의 땅이다."

하갈과 이스마엘

16

¹⁻² 아브람의 아내 사래는 아직 아이를 낳지 못했다.
그녀에게는 하갈이라는 이집트 여종이 있었다.

사래가 아브람에게 말했다. "하나님께서 내가 아이 갖는 것
을 좋다고 여기지 않으시니, 당신은 내 여종과 잠자리를 같
이하세요. 내가 여종의 몸을 빌려서 대를 이을 수 있을지도
모르잖아요." 아브람은 사래의 말을 따르기로 했다.

3-4 그리하여 아브람의 아내 사래는 자신의 이집트 여종 하갈
을 데려다가 자기 남편 아브람에게 아내로 주었다. 이것은
아브람이 가나안 땅에 산 지 십 년이 지난 뒤의 일이었다. 그
가 하갈과 잠자리를 같이하자, 하갈이 임신을 했다. 하갈은
자신이 임신한 것을 알고 자신의 여주인을 업신여겼다.

5 사래가 아브람에게 말했다. "내가 이런 능욕을 당하는 것
은 다 당신 책임이에요. 내가 내 여종을 당신과 잠자리를 같
이하도록 했건만, 그 종이 자기가 임신한 것을 알고서 나를
업신여기지 뭐예요. 하나님께서 우리 중에 누가 옳은지 결
정해 주시면 좋겠어요."

6 아브람이 말했다. "당신이 결정하구려. 당신 종은 당신 소
관이잖소."

사래가 하갈을 학대하자, 하갈이 달아났다.

7-8 하나님의 천사가 광야의 샘 곁에서 하갈을 발견했다. 그
샘은 수르로 가는 길가에 있었다. 천사가 말했다. "사래의
여종 하갈아, 여기서 무엇을 하고 있느냐?"

하갈이 대답했다. "내 여주인 사래에게서 도망치는 중입니다."

9-12 하나님의 천사가 말했다. "네 여주인에게로 돌아가거
라. 그녀의 학대를 참아 내어라." 천사가 계속해서 말했다.

"내가 네게 큰 민족, 셀 수 없을 만큼 많은 자손을 주겠다.

네가 임신했으니, 아들을 낳을 것이다. 너는 그 이름을 이
스마엘이라 하여라.
하나님께서 네 소리를 듣고 응답하셨다.
그는 날뛰는 야생마처럼 될 것이다.
남과 맞서 싸우고, 남도 그와 맞서 싸울 것이다.
그는 늘 문제를 일으키며
자기 가족과도 사이가 좋지 못할 것이다."

13 하갈이 자신에게 말씀하신 **하나님**께 기도하며 '나를 보시
는 하나님!'이라고 불렀다.
"그래! 그분께서 나를 보셨고, 나도 그분을 뵈었다!"
14 그래서 광야의 그 샘을 '나를 보시는, 살아 계신 하나님의
샘'이라고 부르게 되었다. 그 샘은 지금도 가데스와 베렛 사
이에 그대로 있다.
15-16 하갈이 아브람에게서 아들을 낳았다. 아브람이 그 아이
의 이름을 이스마엘이라고 했다. 하갈이 아브람의 아들 이
스마엘을 낳았을 때에 아브람은 여든여섯 살이었다.

할례, 언약의 표

17
1-2 아브람이 아흔아홉 살이 되었을 때, **하나님**께
서 그에게 나타나셔서 말씀하셨다. "나는 강한

하나님이다. 너는 내 앞에서 흠 없이 살고, 온전하게 살아
라! 내가 나와 너 사이에 언약을 맺고, 네게 큰 민족을 줄 것이
다."

3-8 아브람이 압도되어, 얼굴을 땅에 대고 엎드렸다.

하나님께서 그에게 말씀하셨다. "이것은 내가 너와 맺은 언
약이다. 너는 수많은 민족들의 아버지가 될 것이다. 이제 네
이름은 더 이상 아브람이 아니라 아브라함이다. '내가 너를
수많은 민족들의 아버지로 만들 것'이기 때문이다. 내가 너
를 아버지들의 아버지로 만들겠다. 네게서 여러 민족이 나
오고, 네게서 여러 왕이 나오게 하겠다. 내가 너와는 물론이
고 네 후손과도 영원토록 지속될 언약을 맺어, 네 하나님이
되고 네 후손의 하나님이 되겠다. 네가 장막을 치고 있는 이
땅, 곧 가나안 땅 전체를 너와 네 후손에게 주어 영원토록
소유하게 하고, 나는 그들의 하나님이 될 것이다."

9-14 하나님께서 아브라함에게 계속 말씀하셨다. "너는 내 언
약을 지켜야 한다. 너와 네 후손이 대대로 지켜야 한다. 이
것은 네가 지켜야 할 언약, 네 후손이 지켜야 할 언약이다.
너희 모든 남자에게 할례를 행하여라. 포피를 잘라 내어라.
이것이 나와 너 사이에 맺는 언약의 표가 될 것이다. 대대
로 모든 남자아이는 태어난 지 팔 일째 되는 날에 할례를 받
아야 한다. 너희 집에서 태어난 종들과, 이방인에게서 사 온
종들도 너희 혈족은 아니지만 할례를 받아야 한다. 너희는
너희 자손뿐 아니라 밖에서 들여온 사람에게도 할례를 행해

야 한다. 그러면 내 언약이 너희 몸에 새겨져서, 영원한 언약의 표가 될 것이다. 할례를 받지 않은 남자, 곧 포피를 잘라 내지 않은 남자는 자기 백성 가운데서 잘려 나갈 것이다. 그가 내 언약을 깨뜨렸기 때문이다."

15-16 하나님께서 또 아브라함에게 말씀하셨다. "네 아내 사래를 더 이상 사래라고 하지 말고, 사라라고 하여라. 내가 그녀에게 복을 주어, 그녀가 네 아들을 낳게 하겠다! 내가 반드시 그녀에게 복을 주어, 그녀에게서 여러 민족이 나오게 하고, 여러 민족의 왕들도 나오게 할 것이다."

17 아브라함이 얼굴을 땅에 대고 엎드린 채 웃으며 속으로 말했다. "백 살이나 된 남자가 아들을 볼 수 있다고? 아흔 살이나 된 사라가 아이를 낳을 수 있다고?"

18 아브라함이 정신을 차리고 하나님께 아뢰었다. "이스마엘이나 하나님 앞에서 잘 살았으면 좋겠습니다."

19 하나님께서 말씀하셨다. "내 말은 그런 뜻이 아니다. 네 아내, 사라가 아들을 낳을 것이다. 너는 그 아이의 이름을 이삭(웃음)이라고 하여라. 내가 그와는 물론이고, 그의 후손과도 영원한 언약을 맺을 것이다.

20-21 이스마엘 말이냐? 네가 그를 위해 기도하는 것을 내가 들었다. 내가 그에게도 복을 주어, 많은 자식을 낳아 큰 민족을 이루게 하겠다. 그는 열두 지도자의 아버지가 될 것이다. 내가 그를 큰 민족이 되게 하겠다. 그러나 나는 내년 이맘때 사라가 낳을 네 아들 이삭과 언약을 맺을 것이다."

²² 하나님께서 아브라함과 말씀을 마치고 떠나가셨다.

²³ 그날 아브라함은 자기 아들 이스마엘과, 집에서 태어난 종과 돈을 주고 사 온 모든 종, 곧 자기 집안의 모든 남자를 데려다가, 하나님께서 말씀하신 대로 그들의 포피를 잘라 내어 할례를 행했다.

²⁴⁻²⁷ 아브라함이 할례를 받을 때 그의 나이는 아흔아홉 살이 었고, 그의 아들 이스마엘이 할례를 받을 때 그의 나이는 열세 살이었다. 아브라함과 이스마엘이 같은 날에 할례를 받았고, 그의 집안에 있는 모든 종도 그날에 할례를 받았다. 집에서 태어난 종과 돈을 주고 이방인에게서 사 온 종이 모두 아브라함과 함께 할례를 받았다.

하나님께서 아브라함에게 아들을 약속하시다

18

¹⁻² **하나님께서** 마므레의 상수리나무 숲 근처에서 아브라함에게 나타나셨다. 그때 아브라함은 장막 입구에 앉아 있었다. 몹시 뜨거운 한낮이었다. 아브라함이 고개를 들어 보니, 세 사람이 서 있었다. 그가 장막에서 뛰어나가 그들을 맞이하며 절했다.

³⁻⁵ 아브라함이 말했다. "주님, 괜찮으시다면 잠시 이 종의 집에 머무시기 바랍니다. 물을 가져올 테니 발을 씻으시고, 이 나무 아래에서 좀 쉬십시오. 제 곁을 지나가게 되셨으니, 제가 음식을 가져오겠습니다. 원기를 회복하여 길을 떠나십시오."

그들이 말했다. "좋습니다. 그대가 말한 대로 하십시오."

⁶ 아브라함이 급히 장막으로 달려가서 사라에게 말했다. "서두르시오. 가장 고운 밀가루 세 컵을 가져다가 반죽하여 빵을 구우시오."

7-8 아브라함이 또 가축우리로 달려가서 살진 송아지 한 마리를 골라 종에게 건네니, 종이 곧 그것을 잡아 요리했다. 아브라함은 치즈와 우유와 구운 송아지 고기를 가져다가 그 사람들 앞에 차려 놓았다. 그들이 식사하는 동안, 아브라함은 나무 아래에 서 있었다.

⁹ 그 사람들이 아브라함에게 말했다. "그대의 아내 사라는 어디 있습니까?"

아브라함이 대답했다. "장막 안에 있습니다."

¹⁰ 그들 가운데 한 사람이 말했다. "내년 이맘때 내가 다시 찾아오겠습니다. 그때에는 그대의 아내 사라에게 아들이 있을 것입니다." 사라는 그 사람의 바로 뒤, 장막 입구에서 그 말을 듣고 있었다.

11-12 아브라함과 사라는 이미 나이 많은 노인이었고, 사라는 아이를 가질 수 있는 나이가 훨씬 지난 상태였다. 사라가 속으로 웃으면서 말했다. "나처럼 늙은 여자가 임신을 한다고? 남편도 이렇게 늙었는데?"

13-14 **하나님**께서 아브라함에게 말씀하셨다. "사라가 '나처럼 늙은 여자가 아이를 갖는다고?' 하면서 웃는데, 어찌 된 것이냐? **하나님**이 하지 못할 일이 있느냐? 내가 내년 이맘때

돌아올 텐데, 그때에는 사라에게 아이가 있을 것이다."

15 사라가 두려운 나머지 거짓말을 했다. "저는 웃지 않았습니다."

그러자 **하나님**께서 말씀하셨다. "아니다. 네가 웃었다."

아브라함이 소돔을 위해 간구하다

16 그 사람들이 떠나려고 자리에서 일어나, 소돔을 향해 출발했다. 아브라함은 그들을 배웅하려고 함께 걸어갔다.

17-19 그때 **하나님**께서 말씀하셨다. "내가 앞으로 하려고 하는 일을 아브라함에게 숨기겠느냐? 아브라함은 장차 크고 강한 민족이 되어, 세상 모든 민족이 그를 통해 복을 받게 될 것이다. 그렇다. 내가 그를 택한 것은, 그가 자기 자녀와 후손을 가르쳐 **하나님**의 생활방식을 따라, 친절하고 너그럽고 바르게 살게 하려는 것이다. 그리하여 **하나님**이 아브라함에게 약속하신 것을 이루려는 것이다."

20-21 **하나님**께서 계속해서 말씀하셨다. "소돔과 고모라의 희생자들이 울부짖는 소리가 내 귀를 먹먹하게 하는구나. 그 도시의 죄악이 너무 크다. 내가 직접 내려가서, 저들이 하는 짓이 정말 내 귀에 들려오는 울부짖음처럼 악한지 알아봐야겠다."

22 그 사람들이 소돔을 향해 출발했으나, 아브라함은 **하나님**의 길에 서서 그 길을 가로막았다.

23-25 아브라함이 **하나님**을 대면하여 아뢰었다. "진심이십니

까? 죄 없는 사람들을 악한 사람들과 함께 쓸어버릴 작정이
십니까? 그 도시에 의인 오십 명이 있다면 어떻게 하시겠습니
까? 죄 없는 사람들을 악한 사람들과 함께 쓸어버리시겠
습니까? 의인 오십 명을 봐서라도 그 도시를 용서하지 않으
시렵니까? 저는 주께서 의인과 악인을 구별하지 않고 죽이
실 것이라고는 생각하지 않습니다. 세상을 심판하시는 분께
서 공정하게 심판하셔야 하지 않겠습니까?"

26 **하나님**께서 말씀하셨다. "소돔에 의인 오십 명이 있으면,
내가 그들을 봐서 그 도시를 용서하겠다."

27-28 아브라함이 다시 아뢰었다. "한 줌 흙에 지나지 않는 제
가 감히 주께 말씀드립니다. 오십 명에서 다섯 명이 모자라
면 어떻게 하시겠습니까? 다섯 명이 모자란다는 이유로 그
도시를 멸하시겠습니까?"

하나님께서 말씀하셨다. "사십오 명이 있으면, 내가 그 도
시를 멸하지 않겠다."

29 아브라함이 다시 아뢰었다. "사십 명밖에 찾지 못하시면
어떻게 하시겠습니까?"

"사십 명이 있으면, 그 도시를 멸하지 않겠다."

30 아브라함이 아뢰었다. "주님, 노하지 마십시오. 삼십 명
밖에 찾지 못하시면 어떻게 하시겠습니까?"

"삼십 명만 찾을 수 있어도, 내가 그 도시를 멸하지 않겠다."

31 아브라함이 더 강하게 아뢰었다. "주님, 부디 참아 주십
시오. 이십 명이면 어떻게 하시겠습니까?"

"이십 명만 있어도, 내가 그 도시를 멸하지 않겠다."

³² 아브라함이 멈추지 않고 아뢰었다. "주님, 이번이 마지막이니, 노하지 마십시오. 열 명밖에 찾지 못하시면 어떻게 하시겠습니까?"

"그 열 명을 봐서라도, 내가 그 도시를 멸하지 않겠다."

³³ **하나님**께서 아브라함과 말씀을 마치고 떠나가셨다. 아브라함은 집으로 돌아갔다.

소돔과 고모라의 심판

19 ¹⁻² 저녁때에 두 천사가 소돔에 도착했다. 롯은 그 도시 입구에 앉아 있었다. 그가 그들을 보고 일어나 맞이하면서, 그들에게 엎드려 절하며 말했다. "두 분께서는 부디 저희 집에 오셔서, 씻고 하룻밤 묵으십시오. 그러면 내일 아침 일찍 일어나 기운을 차리고 길을 떠나실 수 있을 겁니다."

그들이 말했다. "아닙니다. 우리는 거리에서 자겠습니다."

³ 그러나 롯은 거절하지 말라고 간청했다. 그들은 거절하지 못하고 롯을 따라 집으로 들어갔다. 롯이 그들을 위해 따뜻한 음식을 차리자 그들이 먹었다.

⁴⁻⁵ 그들이 잠자리에 들기 전에, 소돔의 남자들이 젊은이 노인 할 것 없이 사방에서 몰려와 롯의 집을 에워쌌다. 그러고는 롯에게 고함을 지르며 말했다. "오늘 밤 당신 집에서 머물려고 온 사람들이 어디 있소? 그들을 데리고 나오시오.

우리가 그들과 재미 좀 봐야겠소!"

6-8 롯이 밖으로 나가 뒤로 문을 닫아걸고 말했다. "여보시오, 제발 수치스러운 짓을 하지 마시오! 자, 내게 남자를 알지 못하는 두 딸이 있소. 내가 그들을 내줄 테니 그 아이들과 즐기고, 이 사람들은 건드리지 마시오. 이들은 내 손님이오."

9 그들이 말했다. "저리 비켜! 어디서 굴러들어 와서 우리를 가르치려 드는 거냐! 저들보다 너를 먼저 손봐야겠구나." 그러고는 롯에게 달려들어 그를 밀치고 문을 부수려고 했다.

10-11 그러자 두 사람이 손을 내밀어 롯을 집 안으로 끌어들이고 문을 닫아걸었다. 그들은 문을 부수려고 하는 자들을 우두머리 졸개 할 것 없이 모두 눈이 멀게 하여, 어둠 속을 헤매게 만들었다.

12-13 그 두 사람이 롯에게 말했다. "이곳에 그대의 가족들이 더 있습니까? 아들이나 딸이나, 이 도시에 사는 가족들 말입니다. 지금 당장 그들을 데리고 이 도시에서 나가시오! 우리가 곧 이 도시를 멸하려고 하오. 이곳의 희생자들이 울부짖는 소리가 **하나님**의 귀를 먹먹하게 합니다. **하나님**께서 이곳을 쓸어버리도록 우리를 보내셨소."

14 롯이 밖으로 나가서 자기 딸들의 약혼자들에게 알렸다. "이곳을 떠나게. **하나님**께서 이 도시를 멸하려고 하시네!" 그러나 그들은 롯의 말을 농담으로 여겼다.

15 새벽이 되자, 천사들이 롯을 떠밀며 말했다. "서두르시오. 너무 늦기 전에 그대의 아내와 두 딸을 데리고 이곳을

떠나시오. 그러지 않으면, 이 도시가 벌을 받을 때에 멸망하고 말 것이오.”

16-17 롯이 꾸물거리자, 그 사람들이 롯의 팔과 그의 아내와 딸들의 팔을 잡고 도시 밖 안전한 곳으로 데리고 나갔다. 하나님께서 그들에게 자비를 베푸셨다! 롯의 가족을 밖으로 데리고 나온 뒤에, 그 사람들이 롯에게 말했다. “지금 당장 달아나 목숨을 구하시오! 뒤돌아보지 마시오! 평지 어디에서도 멈추면 안됩니다. 산으로 달아나시오. 그러지 않으면, 죽고 말 것입니다.”

18-20 그러자 롯이 반대했다. “안됩니다, 그렇게 하지 마십시오! 두 분께서는 저를 좋게 보시고 크나큰 호의를 베푸셔서 제 생명을 구해 주셨습니다. 하지만 저는 산으로 달아날 수 없습니다. 산에 있더라도 끔찍한 재앙이 미쳐서 죽을지도 모릅니다. 저쪽을 보십시오. 저 성읍은 우리가 닿기에 가깝고, 아무런 일도 닥치지 않을 만큼 작은 곳입니다. 저 작은 성읍으로 달아나 목숨을 건지게 해주십시오.”

21-22 “좋소. 그대가 그렇게 하겠다면, 원하는 대로 하시오. 그대가 택한 성읍은 멸하지 않겠소. 하지만 서둘러 그곳으로 달아나시오! 그대가 그곳에 닿기 전에는 내가 아무 일도 할 수 없소.” 그리하여 그 성읍은 ‘작은 성읍’이라는 뜻의 소알이라 불리게 되었다.

23 롯이 소알에 이르렀을 때 해가 하늘 높이 떠 있었다.

24-25 그때 **하나님**께서 유황과 불을 소돔과 고모라에 비처럼

퍼부으셨다. 유황과 불이 **하나님**이 계신 하늘로부터 용암처럼 흘러내려서, 두 도시와 평지 전체, 두 도시에 살고 있던 모든 사람과, 땅에서 자라던 모든 것을 멸했다.

²⁶ 그러나 롯의 아내는 뒤를 돌아보다가 그만 소금기둥이 되고 말았다.

²⁷⁻²⁸ 아브라함은 이튿날 아침 일찍 일어나, 얼마 전에 **하나님**과 함께 서 있던 곳으로 갔다. 그가 소돔과 고모라를 바라보고 온 평지를 내려다보니, 보이는 것이라고는 온통 땅에서 뿜겨 나오는 연기뿐이었다. 마치 용광로에서 뿜어져 나오는 연기 같았다.

²⁹ 하나님께서 평지의 도시들을 멸하실 때에 아브라함을 잊지 않으셨다. 그래서 그 도시들을 땅에서 쓸어버리시기 전에 롯을 먼저 나오게 하신 것이다.

³⁰ 롯은 소알을 떠나 산으로 가서 두 딸과 함께 살았다. 소알에 머무는 것이 두려웠기 때문이다. 그는 두 딸과 함께 동굴에서 살았다.

³¹⁻³² 하루는 큰딸이 작은딸에게 말했다. "아버지는 늙어 가고, 이 땅에는 우리에게 아이를 얻게 해줄 남자가 없구나. 아버지에게 술을 대접해 취하게 한 뒤에, 아버지와 잠자리를 같이하자. 그러면 우리가 아버지를 통해 자식을 얻게 될 거야. 우리가 집안을 살릴 수 있는 방법은 이것밖에 없어."

³³⁻³⁵ 그날 밤 그들은 자기 아버지에게 술을 대접해 취하게

했다. 큰딸이 들어가 아버지와 잠자리를 같이했다. 그러나 그는 취한 나머지 딸이 무슨 일을 하는지 전혀 알지 못했다. 이튿날 아침, 큰딸이 작은딸에게 말했다. "지난밤에는 내가 아버지와 잠자리를 같이했으니, 오늘 밤은 네 차례야. 우리가 다시 아버지를 취하게 한 뒤에, 네가 아버지와 잠자리를 같이하여라. 그러면 우리 둘 다 아버지를 통해 아이를 갖게 되어, 우리 집안을 살리게 될 거야." 그날 밤 그들은 아버지에게 또다시 술을 대접해 취하게 한 다음, 작은딸이 들어가 아버지와 잠자리를 같이했다. 이번에도 그는 취한 나머지 딸이 무슨 일을 하는지 전혀 알지 못했다.

36-38 두 딸 모두 자기 아버지 롯의 아이를 갖게 되었다. 큰딸은 아들을 낳고 그 이름을 모압이라고 했다. 모압은 오늘날 모압 사람의 조상이 되었다. 작은딸도 아들을 낳고 그 이름을 벤암미라고 했다. 벤암미는 오늘날 암몬 사람의 조상이 되었다.

아브라함과 아비멜렉

20
1-2 아브라함은 그곳에서 남쪽 네겝 지역으로 이주하여 가데스와 수르 사이에 정착했다. 아브라함이 그랄에서 장막생활을 하던 때에 자기 아내 사라를 가리켜 "이 여인은 나의 누이요"라고 했다.

2-3 그랄 왕 아비멜렉이 사람을 보내어 사라를 데려갔다. 그러나 하나님께서 그날 밤 아비멜렉의 꿈에 나타나셔서 말씀

하셨다. "너는 이제 죽은 목숨이다. 네가 데려온 여인은 남편이 있는 여인이다."

⁴⁻⁵ 아비멜렉은 아직 그녀와 잠자리를 같이하지 않았고, 그녀에게 손도 대지 않았다. 그가 말했다. "주님, 죄 없는 사람을 죽이시렵니까? 아브라함이 제게 '이 여인은 나의 누이요'라고 했고, 그녀도 아브라함을 가리켜 '그는 나의 오라버니입니다'라고 하지 않았습니까? 제가 이 일에서 무슨 잘못을 저질렀는지 모르겠습니다."

⁶⁻⁷ 하나님께서 꿈에 그에게 말씀하셨다. "네가 다른 뜻이 없었다는 것을 잘 안다. 그래서 네가 내게 죄를 짓지 않도록 내가 막은 것이다. 너를 막아 그녀와 잠자리를 같이하지 못하게 한 것이다. 그러니 이제 그 여인을 남편에게 돌려보내라. 그는 예언자니, 그가 너와 네 목숨을 위해 기도해 줄 것이다. 그 여인을 돌려보내지 않으면, 너와 네 집안의 모든 사람이 반드시 죽을 것이다."

⁸⁻⁹ 아비멜렉은 이튿날 아침 일찍 일어나 집안의 모든 종을 한자리에 불러 모으고 자초지종을 말했다. 그 자리에 모인 모든 사람이 큰 충격을 받았다. 아비멜렉이 아브라함을 불러들여 말했다. "우리에게 무슨 일을 한 것이오? 내가 그대에게 무슨 잘못을 했기에, 나와 내 나라에 이토록 엄청난 죄를 끌어들인 것이오? 그대가 내게 한 일은 결코 해서는 안 될 일이었소."

¹⁰ 아비멜렉이 계속해서 아브라함에게 말했다. "도대체 무

슨 생각으로 이 같은 일을 벌인 것이오?"

11-13 아브라함이 말했다. "이곳에는 하나님을 두려워하는 마음이 없어서, 사람들이 나를 죽이고 내 아내를 빼앗을 것이라고 생각했기 때문입니다. 사실을 말씀드리면, 아내는 내 이복누이입니다. 그녀와 나는 아버지는 같고 어머니가 다를 뿐입니다. 하나님께서 나로 하여금 내 아버지의 집을 떠나 나그네로 떠돌게 하셨을 때, 내가 아내에게 말하기를 '부탁이 있소. 우리가 어디로 가든지, 사람들에게 내가 당신의 오라버니라고 말해 주시오' 하고 말했습니다."

14-15 아비멜렉은 사라를 아브라함에게 돌려보냈다. 그녀를 보내면서 양 떼와 소 떼와 남녀 종들도 함께 보냈다. 그가 말했다. "내 땅이 그대 앞에 있으니, 어디든지 원하는 곳에 가서 사시오."

16 사라에게는 이렇게 말했다. "나는 그대의 오라버니에게 은화 천 개를 주었소. 그것으로 사람들 앞에서 그대의 깨끗함이 입증될 것이오. 이제 그대는 명예가 회복되었소."

17-18 아브라함이 하나님께 기도하자, 하나님께서 아비멜렉과 그의 아내와 여종들의 병을 고쳐 주셨다. 그러자 그들이 다시 아이를 가질 수 있게 되었다. **하나님**께서 아브라함의 아내 사라의 일로 아비멜렉 집안의 모든 태를 닫아 버리셨던 것이다.

이삭이 태어나다

21

1-4 **하나님께서는** 약속하신 바로 그날에 사라를 찾아오셨다. 그리고 약속하신 대로 사라에게 행하셨다. 하나님께서 정하신 바로 그때에, 사라가 임신하여 노년의 아브라함에게 아들을 안겨 주었다. 아브라함은 아들의 이름을 이삭이라고 했다. 아이가 태어난 지 팔 일이 되자, 아브라함은 하나님께서 명령하신 대로 아이에게 할례를 행했다.

5-6 아브라함의 아들 이삭이 태어났을 때, 아브라함의 나이는 백 살이었다.

사라가 말했다.

하나님께서 내게 웃음을 복으로 주셨구나.
이 소식을 듣는 모든 이가 나와 함께 웃을 것이다!

7 그녀가 또 말했다.

사라가 아이에게 젖을 물릴 날이 올 것이라고
누가 아브라함에게 말할 수 있었겠는가!
그러나 내가 이렇게! 늙은 아브라함에게 아들을 안겨 주지 않았는가!

8 아이가 자라서 젖을 떼게 되었다. 이삭이 젖을 떼던 날, 아

브라함은 성대한 잔치를 베풀었다.

9-10 어느 날 사라가 보니, 이집트 여인 하갈이 아브라함에게서 낳은 아들이 자기 아들 이삭을 놀리고 있었다. 그녀가 아브라함에게 말했다. "저 여종과 아들을 쫓아내세요. 저 여종의 아들이 내 아들 이삭과 함께 유산을 나눠 갖게 할 수는 없습니다!"

11-13 아브라함은 그 일로 큰 고통을 겪었다. 결국 이스마엘도 자기 아들이었기 때문이다. 그러나 하나님께서 아브라함에게 말씀하셨다. "그 아이와 네 여종의 문제로 걱정하지 마라. 사라가 네게 말한 대로 하여라. 네 후손은 이삭을 통해 이어질 것이다. 네 여종의 아들에 관해서는 안심하여라. 그도 네 아들이니, 내가 그도 큰 민족이 되게 하겠다."

14-16 아브라함은 이튿날 아침 일찍 일어나, 얼마의 음식과 물 한 통을 하갈의 등에 지워 주고, 아이와 함께 떠나보냈다. 그녀는 정처 없이 길을 헤매다가 브엘세바 광야에 이르렀다. 물이 다 떨어지자, 그녀는 아이를 덤불 아래 놓아두고 50미터쯤 걸어갔다. 그녀는 "내 아들이 죽어 가는 모습을 지켜볼 수 없구나" 하고는, 그 자리에 주저앉아 흐느껴 울기 시작했다.

17-18 하나님께서 아이가 우는 소리를 들으셨다. 하나님의 천사가 하늘에서 하갈을 부르며 말했다. "하갈아, 어찌 된 일이냐? 두려워하지 마라. 하나님께서 아이의 소리를 들으셨고, 아이가 곤경에 처한 것도 알고 계신다. 일어나거라. 가

서 아이를 일으켜 세우고, 굳게 붙잡아 주어라. 내가 그를 큰 민족이 되게 하겠다."

¹⁹ 그때 하나님께서 하갈의 눈을 열어 주셨다. 그녀가 둘러 보니, 샘이 보였다. 그녀는 샘으로 가서 물통에 물을 가득 채운 다음, 아이에게 시원한 물을 충분히 먹였다.

²⁰⁻²¹ 아이가 자라는 동안 하나님께서 아이 곁에 계셨다. 그 아이는 광야에 살면서 노련한 활잡이가 되었다. 그는 바란 광야에서 살았다. 그의 어머니는 그에게 이집트 여인을 아 내로 얻어 주었다.

브엘세바에서 아비멜렉과 맺은 계약

²²⁻²³ 그 무렵, 아비멜렉과 그의 군지휘관 비골이 아브라함에 게 말했다. "그대가 무슨 일을 하든지, 하나님께서는 그대 편이오. 그러니 그대는 나와 내 가족에게 어떠한 부당한 행 동도 하지 않겠다고 맹세해 주시오. 이곳에서 사는 동안, 내 가 그대를 대한 것처럼 그대도 나와 내 땅을 그렇게 대하겠 다고 맹세해 주시오."

²⁴ 아브라함이 말했다. "맹세합니다."

²⁵⁻²⁶ 그러고 나서, 아브라함은 아비멜렉의 종들이 우물을 빼 앗은 일을 그에게 따졌다. 아비멜렉이 대답했다. "누가 그 런 짓을 했는지 나는 모르오. 그대도 그 일에 대해 내게 말 해 준 적이 없지 않소. 오늘 처음 듣는 이야기오."

²⁷⁻²⁸ 그리하여 두 사람은 계약을 맺었다. 아브라함이 양과

소를 가져다가 아비멜렉에게 주었다. 아브라함은 양 떼에서
양 일곱 마리를 따로 떼어 놓았다.

²⁹ 아비멜렉이 물었다. "그대가 따로 떼어 놓은 이 양 일곱
마리는 무슨 뜻이오?"

³⁰ 아브라함이 대답했다. "이 양 일곱 마리를 받으시고, 내
가 판 이 우물이 내 우물이라는 증거로 삼아 주십시오."

³¹⁻³² 두 사람이 거기서 맹세하고 계약을 맺었으므로, 그곳을
브엘세바(맹세의 우물)라 부르게 되었다. 그들이 브엘세바에
서 계약을 맺은 다음, 아비멜렉과 그의 군지휘관 비골은 그
곳을 떠나 블레셋 사람의 땅으로 돌아갔다.

³³⁻³⁴ 아브라함은 브엘세바에 에셀 나무를 심고, 거기서 **하나
님**을 예배하고 영원하신 하나님께 기도를 드렸다. 아브라함
은 블레셋 사람의 땅에서 오랫동안 살았다.

하나님께서 아브라함을 시험하시다

22

¹ 이 모든 일이 있은 뒤에, 하나님께서 아브라함
을 시험하셨다. 하나님께서 말씀하셨다. "아브
라함아!"

아브라함이 대답했다. "예, 말씀하십시오."

² 하나님께서 말씀하셨다. "네가 아끼는 아들, 네 사랑하는
아들 이삭을 데리고 모리아 땅으로 가거라. 거기서 내가 네
게 지시할 산에서 그를 번제물로 바쳐라."

³⁻⁵ 아브라함은 아침 일찍 일어나서 나귀에 안장을 얹었다.

그는 젊은 두 종과 아들 이삭을 데리고 갔다. 그는 번제에 쓸 장작을 쪼갠 뒤에, 하나님께서 지시해 주신 곳으로 출발했다. 사흘째 되는 날에 그가 눈을 들어 바라보니 멀리 그곳이 보였다. 아브라함은 젊은 두 종에게 말했다. "이곳에서 나귀와 함께 머물러 있어라. 아이와 나는 저곳으로 가서 예배하겠다. 그러고 나서 우리가 너희에게 돌아오겠다."

6 아브라함은 번제에 쓸 장작을 가져다가 자기 아들 이삭에게 지우고, 자신은 부싯돌과 칼을 챙겨 들었다. 두 사람은 함께 길을 떠났다.

7 이삭이 자기 아버지 아브라함에게 말했다. "아버지?"

"그래, 내 아들아."

"부싯돌과 장작은 있는데, 번제에 쓸 양은 어디에 있습니까?"

8 아브라함이 대답했다. "아들아, 번제에 쓸 양은 하나님께서 마련하실 것이다." 두 사람은 계속해서 걸었다.

9-10 그들이 하나님께서 아브라함에게 지시하신 곳에 이르렀다. 아브라함은 제단을 쌓고, 그 위에 장작을 벌여 놓았다. 그런 다음 이삭을 묶어 장작 위에 올려놓았다. 아브라함이 손을 뻗어 칼을 쥐고 자기 아들을 죽이려고 했다.

11 바로 그때에 **하나님**의 천사가 하늘에서 그를 불렀다. "아브라함아! 아브라함아!"

"예, 말씀하십시오."

12 "그 아이에게 손대지 마라! 그 아이를 건드리지 마라! 네가 나를 위해 네 아들, 네 사랑하는 아들을 제단에 바치기를

주저하지 않았으니, 네가 하나님을 얼마나 경외하는지 이제 내가 알겠다."

13 아브라함이 고개를 들어 살펴보니, 덤불에 뿔이 걸린 숫양 한 마리가 보였다. 아브라함은 그 양을 잡아다가 자기 아들 대신 번제물로 바쳤다.

14 아브라함이 그곳의 이름을 '**여호와** 이레'(하나님께서 마련하신다)라고 했다. "**하나님**의 산에서 **하나님**께서 마련하신다"라는 말은 거기서 생겨난 것이다.

15-18 **하나님**의 천사가 하늘에서 두 번째로 아브라함을 불러 말했다. "내가 맹세한다. **하나님**의 확실한 말씀이다! 네가 네 아들, 네 사랑스럽고 사랑스러운 아들을 아끼지 않고 내게 바쳤으니, 내가 네게 복을 주겠다. 내가 반드시 네게 복을 주겠다! 내가 네 자손을 하늘의 별처럼, 바닷가의 모래처럼 번성하게 하겠다! 네 후손이 원수를 물리칠 것이다. 네가 내 말에 순종했으니, 땅 위의 모든 민족이 네 후손으로 인하여 복을 받게 될 것이다."

19 그 후에 아브라함은 젊은 종들에게로 돌아왔다. 그들은 짐을 챙겨 브엘세바로 돌아갔다. 아브라함은 브엘세바에 정착했다.

❧

20-23 이 모든 일이 있은 뒤에, 아브라함에게 소식이 들려왔다. "그대의 동생 나홀이 아버지가 되었소! 밀가가 그의 자

녀를 낳았는데, 맏아들은 우스, 그 아래로 부스, 그므엘(그
는 아람의 아버지다), 게셋, 하소, 빌다스, 이들랍, 브두엘(그
는 리브가의 아버지다)이 태어났소." 밀가는 아브라함의 동생
나홀에게서 이 여덟 아들을 낳았다.
²⁴ 나홀의 첩 르우마도 나홀의 네 자녀, 곧 데바, 가함, 다하
스, 마아가를 낳았다.

막벨라 동굴에 사라를 묻다

23
¹⁻² 사라는 127년을 살았다. 사라는 오늘날 헤
브론이라 하는, 가나안 땅 기럇아르바에서 죽었
다. 아브라함은 그녀를 위해 슬퍼하며 울었다.
³⁻⁴ 아브라함은 죽은 아내 사라를 위해 애곡하기를 그치고
일어나서 헷 사람들에게 말했다. "비록 내가 여러분 가운데
사는 이방인에 지나지 않지만, 묘지로 쓸 땅을 내게 팔아서
내 아내를 안장할 수 있게 해주시기 바랍니다."
⁵⁻⁶ 헷 사람들이 대답했다. "어째서 그런 말을 하십니까? 우
리와 함께 사는 당신은 이방인에 불과한 분이 아닙니다. 당
신은 하나님이 세우신 지도자입니다! 우리의 묘지 가운데
서 가장 좋은 곳에 당신의 아내를 안장하십시오. 우리 가운
데 누구도 묘지를 구하는 당신의 부탁을 거절하지 않을 것
입니다."
⁷⁻⁹ 그러자 아브라함이 일어나서 그 땅 사람들, 곧 헷 사람들
에게 정중히 절하며 말했다. "여러분이 나를 도와 내 아내를

안장할 적당한 매장지를 제공하겠다는 말이 진심이라면, 나를 위해 소할의 아들 에브론에게 말해 주시기 바랍니다. 그가 소유하고 있는 막벨라 동굴을 내게 팔도록 주선해 주십시오. 그 동굴은 그의 밭머리에 있습니다. 값은 충분히 쳐 드릴 테니, 여러분이 증인이 되어 그가 내게 그 밭을 팔도록 해주십시오."

10-11 에브론은 헷 사람 공동체의 일원이었다. 헷 사람 에브론이 마을 의회의 일원인 헷 사람들이 모두 들을 수 있도록 아브라함에게 큰소리로 대답했다. "어르신, 그렇게 해서는 안됩니다. 그 밭은 당신 것입니다. 당신께 드리는 선물입니다. 그 밭과 동굴을 당신께 드리겠습니다. 내 동족이 보는 앞에서 내가 그것을 당신께 드리겠습니다. 돌아가신 부인을 안장하십시오."

12-13 아브라함이 그곳에 모인 의회 앞에 정중히 절하고 에브론에게 대답했다. "부디 내 말을 들어주셔서, 내가 그 땅의 값을 치를 수 있게 해주십시오. 내 돈을 받고, 내가 가서 아내를 안장할 수 있게 해주십시오."

14-15 그러자 에브론이 아브라함에게 대답했다. "정 그러시다면, 어르신과 저 사이에 은 사백 세겔이면 어떻겠습니까? 어서 가서 부인을 안장하십시오."

16 아브라함은 에브론의 제안을 받아들이고, 에브론이 헷 사람의 마을 의회 앞에서 제안한 금액—당시 통용되던 환율로 은 사백 세겔—을 지불했다.

17-20 그리하여 마므레 근처에 있는 에브론의 밭, 곧 밭과 동
굴과 밭의 경계 안에 있는 모든 나무가 아브라함의 소유가
되었다. 헷 사람의 마을 의회가 그 거래의 증인이 되었다.
그런 다음 아브라함은 가나안 땅 마므레, 곧 오늘날의 헤브
론 근처 막벨라 밭에 있는 동굴에 자기 아내 사라를 묻었다.
그 밭과 거기에 딸린 동굴이 헷 사람에게서 아브라함 소유
의 묘지가 되었다.

이삭과 리브가

24 ¹ 아브라함은 이제 노인이 되었다. **하나님**께서
아브라함이 하는 일마다 복을 주셨다.

2-4 아브라함이 그의 모든 소유를 맡아 관리하는 집안의 늙
은 종에게 말했다. "네 손을 내 허벅지 밑에 넣고 하늘의 하
나님, 땅의 하나님이신 **하나님**께 맹세하여라. 너는 이곳 가
나안의 젊은 여자들 가운데서 내 아들의 아내 될 사람을 찾
지 않고, 내가 태어난 고향으로 가서 내 아들 이삭의 아내를
찾겠다고 맹세하여라."

⁵ 종이 대답했다. "하지만 그 여인이 집을 떠나 저와 함께 오
지 않겠다고 하면 어찌합니까? 그러면 제가 아드님을 주인
님의 고향 땅으로 데려가야 하는지요?"

6-8 아브라함이 말했다. "아니다. 절대 그래서는 안된다. 내
아들을 그곳으로 데려가서는 절대로 안된다. **하나님** 하늘의
하나님께서는 나를 내 아버지 집과 내 고향 땅에서 이끌어

내시고 '내가 이 땅을 네 후손에게 주겠다'고 내게 엄숙히 약속하셨다. 그러니 그 하나님께서 천사를 너보다 앞서 보내셔서 내 아들의 아내 될 사람을 찾게 하실 것이다. 그 여인이 오지 않겠다고 하면, 너는 내게 한 맹세에서 풀려나게 될 것이다. 그러나 어떠한 경우에도 내 아들을 그곳으로 데려가서는 안된다."

⁹ 그 종은 자기 주인 아브라함의 허벅지 밑에 손을 넣고 엄숙히 맹세했다.

¹⁰⁻¹⁴ 종은 주인의 낙타 떼에서 열 마리를 가져다가 주인이 준 선물을 싣고, 아람나하라임에 이르러 나홀의 성을 찾아갔다. 그는 성 밖에 있는 한 우물가에서 낙타들을 쉬게 했다. 때는 여인들이 물을 길으러 나오는 저녁 무렵이었다. 그는 이렇게 기도했다. "**하나님**, 제 주인 아브라함의 하나님, 오늘 일이 순조롭게 이루어지게 해주십시오. 제 주인 아브라함을 선대해 주십시오! 제가 이곳 우물가에 서 있다가 마을의 젊은 여인들이 물을 길으러 나오면, 한 여인에게 '그대의 물동이를 기울여 물을 마시게 해주시오' 하고 말하겠습니다. 그때 그 여인이 '드십시오. 제가 당신의 낙타들에게도 물을 먹이겠습니다' 하고 대답하면, 그 여인이 바로 하나님께서 당신의 종 이삭을 위해 택하신 여인인 줄 알겠습니다. 이것으로 하나님께서 제 주인을 위해 뒤에서 은혜롭게 일하고 계신 줄 알겠습니다."

¹⁵⁻¹⁷ 그가 말을 마치자마자, 리브가가 어깨에 물동이를 메고

나왔다. 그녀는 아브라함의 동생 나홀의 아내인 밀가가 낳
은 브두엘의 딸이었다. 그 여인은 눈부시게 아름다웠고, 아
직 남자를 알지 못하는 처녀였다. 그녀가 우물로 내려가서
물동이에 물을 채워 가지고 올라왔다. 그 종이 그녀에게 달
려가서 말했다. "그대의 물동이에 든 물을 한 모금 마실 수
있겠소?"

18-21 그녀가 말했다. "그럼요, 드십시오!" 그녀는 물동이를
받쳐 들고 그가 물을 마실 수 있게 해주었다. 그가 물을 실
컷 마시고 나자, 그녀가 말했다. "제가 낙타들도 실컷 마실
수 있도록 물을 길어다 주겠습니다." 그녀는 곧 물동이의 물
을 여물통에 붓고, 다시 우물로 내려가 물동이를 채웠다. 그
녀는 낙타들에게 물을 다 먹일 때까지 계속해서 물을 길어
왔다.

이것이 **하나님**의 응답인지, 과연 **하나님**께서 이 여행 목적
을 이루어 주신 것인지, 그 사람은 말없이 그 모습을 지켜보
고 있었다.

22-23 낙타들이 물을 다 마시자, 그 사람은 무게가 5그램이
조금 넘는 금코걸이 한 개와 무게가 110그램 정도 되는 팔
찌 두 개를 꺼내어 그녀에게 선물로 주었다. 그리고 그녀
에게 물었다. "그대의 가족에 대해 내게 말해 주겠소? 그
대는 누구의 딸인가요? 그대의 아버지 집에 우리가 묵어
갈 방이 있는지요?"

24-25 그녀가 대답했다. "저는 밀가와 나홀의 아들인 브두엘

의 딸입니다. 우리 집에는 묵을 방이 많고, 꼴과 여물도 넉넉합니다."

²⁶⁻²⁷ 그 사람은 이 말을 듣고서, 고개를 숙여 **하나님**께 경배하고 기도했다. "**하나님**, 제 주인 아브라함의 하나님, 찬양을 받으소서. 하나님께서 제 주인에게 얼마나 관대하고 신실하신지, 아무것도 거절하지 않으셨습니다. 저를 제 주인의 동생이 사는 집 앞까지 이끌어 주셨습니다!"

²⁸ 그녀는 그곳을 떠나 달려가서, 무슨 일이 있었는지 어머니 집 모든 식구에게 알렸다.

²⁹⁻³¹ 리브가에게는 라반이라는 오라버니가 있었는데, 그가 우물가에 있는 그 사람에게로 뛰어나갔다. 그는 자기 여동생이 하고 있는 코걸이와 팔찌를 보았고, 또 그녀가 "그 사람이 이러이러한 것을 내게 말했습니다" 하고 말하는 이야기도 들었던 것이다. 그가 가 보니, 과연 그 사람이 여전히 우물가에 낙타들과 함께 서 있었다. 라반이 그를 맞이했다. "**하나님**의 복을 받으신 분이여, 어서 들어오십시오! 어찌하여 이곳에 서 계십니까? 제가 당신을 위해 집을 치워 놓았습니다. 당신의 낙타들을 둘 곳도 있습니다."

³²⁻³³ 그리하여 그 사람은 집으로 들어갔다. 라반은 낙타들에게서 짐을 내리고 낙타들에게 꼴과 여물을 주었다. 그리고 그 사람과 그의 일행이 발을 씻을 수 있도록 물을 가져다주었다. 그런 다음 라반은 먹을 것을 대접했다. 하지만 그 사람은 이렇게 말했다. "제 이야기를 말씀드리기 전에

는 먹지 않겠습니다."

라반이 말했다. "어서 말씀하십시오."

³⁴⁻⁴¹ 그 종이 말했다. "저는 아브라함의 종입니다. **하나님**께서 제 주인에게 복을 주셔서, 유력한 사람이 되게 하셨습니다. **하나님**께서 그분에게 양과 소, 은과 금, 남종과 여종, 낙타와 나귀를 주셨습니다. 결국에는 제 주인의 부인인 사라가 늘그막에 그분의 아들을 낳았고, 그분은 모든 재산을 그 아들에게 넘겨주셨습니다. 제 주인께서는 제게 맹세하라 하시면서, '내가 살고 있는 이 땅 가나안 사람의 딸들 가운데서 내 아들의 아내가 될 사람을 찾지 말고, 내 아버지 집, 내 친족에게로 가서, 그곳에서 내 아들의 아내가 될 사람을 찾아 오너라' 하고 말씀하셨습니다. 저는 제 주인에게 '하지만 그 여인이 저와 함께 오지 않겠다고 하면 어찌합니까?' 하고 말씀드렸습니다. 그분께서는 '내가 마음을 다해 섬기는 **하나님**께서 천사를 너와 함께 보내셔서 일이 잘 되게 해주실 것이다. 네가 내 친족, 내 아버지 집에서 내 아들의 아내가 될 사람을 데려오게 하실 것이다. 그런 뒤에야 너는 맹세에서 풀려나게 될 것이다. 네가 내 친족에게 갔는데, 그들이 그녀를 네게 내주지 않더라도, 너는 맹세에서 풀려나게 될 것이다' 하고 말씀하셨습니다.

⁴²⁻⁴⁴ 제가 오늘 우물가에 이르렀을 때, 저는 이렇게 기도했습니다. '**하나님**, 제 주인 아브라함의 하나님, 제가 맡은 이 일이 잘 이루어지게 해주십시오. 저는 이 우물가에 서 있겠

습니다. 한 젊은 여인이 물을 길으러 이곳에 오면, 제가 그
녀에게 "그대 물동이의 물을 한 모금 마시게 해주시오" 하
고 말하겠습니다. 그때 그녀가, "제가 당신에게 물을 드릴
뿐 아니라 당신의 낙타들에게도 물을 먹이겠습니다" 하고
말하면, 바로 그 여인이 **하나님**께서 제 주인의 아들을 위해
택하신 여인인 줄 알겠습니다.'

45-48 제가 이 기도를 마치자마자, 리브가가 물동이를 어깨에
메고 도착했습니다. 그녀는 우물로 내려가 물을 길었고, 저
는 '물 좀 주시겠소?' 하고 물었습니다. 그녀는 주저하지 않
고 물동이를 내밀며, '드십시오. 당신께서 다 드시면, 제가
당신의 낙타들에게도 물을 먹이겠습니다' 하고 말했습니다.
제가 물을 마시자, 그녀는 낙타들에게도 물을 주었습니다.
저는 그녀에게 '그대는 누구의 딸인가요?' 하고 물었습니
다. 그녀는 자신이 '나홀과 밀가의 아들인 브두엘의 딸입니
다' 하더군요. 저는 그녀에게 코걸이 한 개와 팔찌 두 개를
주고, 고개를 숙여 **하나님**께 경배했습니다. 저는 저를 제 주
인의 친족이 사는 집 앞으로 곧장 이끄셔서 주인 아들의 아
내가 될 여인을 얻게 하신 **하나님**, 제 주인 아브라함의 하나
님을 찬양했습니다.

49 이제 여러분은 어떻게 하실지 제게 말씀해 주십시오. 여
러분께서 관대하게 승낙하시려거든, 그렇게 하겠다고 제게
알려 주십시오. 그렇지 않거든, 제가 다음 일을 생각할 수
있도록 분명하게 말씀해 주십시오."

⁵⁰⁻⁵¹ 라반과 브두엘이 대답했다. "이 일은 전적으로 **하나님**께로부터 비롯된 일입니다. 이 문제에 대해 우리는 어느 쪽이든 할 말이 없습니다. 리브가를 당신께 맡기니, 데려가십시오. **하나님**께서 분명히 밝히신 대로, 당신 주인 아들의 아내로 삼으십시오."

⁵²⁻⁵⁴ 아브라함의 종은 그들의 결정을 듣고서, 고개를 숙여 **하나님**께 경배했다. 그런 다음 은금 패물과 옷가지를 꺼내어 리브가에게 주었다. 그는 그녀의 오라버니와 어머니에게도 값비싼 선물을 주었다. 그와 그의 일행은 저녁을 먹고 밤을 지냈다. 그들은 아침 일찍 일어났다. 그 종이 말했다. "저를 제 주인에게로 돌아가게 해주십시오."

⁵⁵ 리브가의 오라버니와 어머니가 말했다. "저 아이를 한 열흘쯤 더 머물다 가게 해주십시오."

⁵⁶ 종이 대답했다. "제가 지체하지 않게 해주십시오! **하나님**께서 모든 일을 잘 되게 해주셨으니, 저를 제 주인에게로 보내 주십시오."

⁵⁷ 그들이 말했다. "우리가 그 아이를 불러서 물어보겠습니다." 그들은 리브가를 불러서 물었다. "이분과 같이 가겠느냐?"

⁵⁸ 그녀가 대답했다. "가겠습니다."

⁵⁹⁻⁶⁰ 그리하여 그들은 리브가와 그녀의 유모를, 아브라함의 종과 그 일행과 함께 가도록 배웅했다. 그들은 이런 말로 리브가를 축복했다.

너는 우리의 누이, 풍성한 삶을 살아라!
네 자녀들도, 승리하며 살 것이다!

⁶¹ 리브가와 젊은 여종들이 낙타에 올라타고 그 사람을 따라
나섰다. 그 종은 리브가를 데리고 주인의 집을 향해 출발했다.
⁶²⁻⁶⁵ 이삭은 네겝 지역에서 살고 있었다. 그는 브엘라해로이
를 방문했다가 막 돌아왔다. 저녁 무렵 그가 들에 나가 묵상
하던 중에, 눈을 들어 보니 낙타 떼가 오는 것이 보였다. 리브
가도 눈을 들어 이삭을 보고는, 낙타에서 내려 그 종에게 물
었다. "들판에서 우리를 향해 오는 저 남자는 누구입니까?"
"제 주인이십니다."
그녀는 너울을 꺼내어 얼굴을 가렸다.
⁶⁶⁻⁶⁷ 그 종이 이삭에게 여행의 자초지종을 말하자, 이삭은
리브가를 자기 어머니 사라의 장막으로 데리고 들어갔다.
그는 리브가와 결혼하고, 그녀는 그의 아내가 되었다. 이삭
은 리브가를 사랑했다. 이삭은 어머니를 여읜 뒤에 위로를
받았다.

아브라함이 죽다

25

¹⁻² 아브라함이 재혼을 했다. 새 아내의 이름은
그두라였다. 그녀는 시므란, 욕산, 므단, 미디
안, 이스박, 수아를 낳았다.
³ 욕산은 스바와 드단을 낳았다.

드단의 후손은 앗수르 사람, 르두시 사람, 르움미 사람이었다. [4] 미디안은 에바, 에벨, 하녹, 아비다, 엘다아를 낳았다. 이들은 모두 그두라의 후손이다.

[5-6] 아브라함은 자신의 모든 소유를 이삭에게 주었다. 그는 아직 살아 있을 때에 첩들에게서 얻은 자식들에게도 재산을 나누어 주었다. 그 후에 그들을 동쪽 땅으로 보내어, 자기 아들 이삭과 서로 멀리 떨어져 살게 했다.

[7-11] 아브라함은 175년을 살고 숨을 거두었다. 그는 장수를 누리다가 수명을 다 채우고 평안하게 죽어, 자기 조상과 함께 묻혔다. 그의 아들 이삭과 이스마엘이 그를 막벨라 동굴에 묻었다. 그 동굴은 마므레 근처, 헷 사람 소할의 아들 에브론의 밭에 있었다. 이 밭은 아브라함이 헷 사람에게서 사들인 밭이었다. 아브라함은 아내 사라 곁에 묻혔다. 아브라함이 죽은 뒤에, 하나님께서 그의 아들 이삭에게 복을 주셨다. 이삭은 브엘라해로이에서 살았다.

이스마엘의 족보

[12] 아브라함의 아들 이스마엘, 곧 사라의 여종인 이집트 사람 하갈이 아브라함에게서 낳은 이스마엘의 족보는 이러하다. [13-16] 이스마엘의 아들들의 이름을 태어난 순서대로 적으면 다음과 같다. 이스마엘의 맏아들 느바욧, 그 아래로 게달, 앗브엘, 밉삼, 미스마, 두마, 맛사, 하닷, 데마, 여둘, 나비

스, 게드마. 이들은 모두 이스마엘의 아들들이다. 그들의 이름이 곧 그들이 정착하여 장막을 친 곳의 이름이 되었다. 그들은 열두 부족의 지도자들이었다.

¹⁷⁻¹⁸ 이스마엘은 137년을 살았다. 그가 숨을 거두자, 자기 조상과 함께 묻혔다. 그의 자손은 이집트 동쪽 인근의 하윌라에서 앗수르 방면에 있는 수르에 이르기까지 흩어져 정착했다. 이스마엘의 자손은 자기 친족과 어울려 살지 않았다.

야곱과 에서

¹⁹⁻²⁰ 아브라함의 아들 이삭의 족보는 이러하다. 아브라함은 이삭을 낳았다. 이삭은 마흔 살에 밧단아람의 아람 사람 브두엘의 딸 리브가와 결혼했다. 그녀는 아람 사람 라반의 누이였다.

²¹⁻²³ 이삭은 자기 아내가 임신하지 못하므로, **하나님께** 간절히 기도했다. **하나님께서** 그의 기도를 들어주셔서, 리브가가 임신하게 되었다. 그런데 태 속에서 아이들이 어찌나 뒤척이고 발길질을 해대던지, 그녀는 이렇게 말했다. "계속 이런 식이라면, 어찌 살까?" 그녀는 **하나님께** 나아가 어찌된 일인지 알고자 했다. **하나님께서** 그녀에게 말씀하셨다.

네 태 속에 두 민족이 있다.
두 민족이 네 몸속에 있는 동안 서로 다툴 것이다.
한 민족이 다른 민족을 압도할 것이며

형이 동생을 섬길 것이다.

²⁴⁻²⁶ 해산할 날이 다 되었을 때, 그녀의 태 속에는 쌍둥이가 들어 있었다. 첫째가 나왔는데, 피부가 붉었다. 그 모습이 마치 털 많은 담요에 아늑하게 싸여 있는 것 같았다. 그래서 그의 이름을 에서(털복숭이)라고 했다. 이어서 동생이 나왔는데, 손으로 에서의 발뒤꿈치를 꼭 붙잡고 있었다. 그래서 그의 이름을 야곱(발뒤꿈치)이라고 했다. 그들이 태어났을 때, 이삭의 나이는 예순 살이었다.

²⁷⁻²⁸ 아이들은 무럭무럭 자라났다. 에서는 밖에서 지내기 좋아하는 노련한 사냥꾼이 되었고, 야곱은 장막 안에서 생활하기 좋아하는 차분한 사람이 되었다. 이삭은 에서가 사냥해 온 것을 좋아했으므로 에서를 사랑했다. 그러나 리브가는 야곱을 사랑했다.

²⁹⁻³⁰ 어느 날 야곱이 죽을 쑤고 있는데, 에서가 허기진 채 들에서 돌아왔다. 에서가 야곱에게 말했다. "그 붉은 죽을 내게 좀 다오. 배가 고파 죽겠다!" 그가 에돔(붉은 사람)이라고 불리게 된 것은 이 때문이었다.

³¹ 야곱이 말했다. "형, 나와 거래합시다. 내가 끓인 죽과 형이 가지고 있는 장자의 권리를 맞바꿉시다."

³² 에서가 대답했다. "배고파 죽을 지경인데, 장자의 권리가 무슨 소용이 있어?"

³³⁻³⁴ 야곱이 말했다. "먼저 나한테 맹세부터 하시오." 그러

자 에서가 맹세를 했다. 그는 맹세를 하고 장자의 권리를 팔
아넘겼다. 야곱은 에서에게 빵과 팥죽을 건넸다. 에서는 먹
고 마신 다음, 일어나서 그곳을 떠나갔다. 그렇게 에서는 장
자의 권리를 내던져 버렸다.

이삭과 아비멜렉

26 ¹ 그 땅에 흉년이 들었다. 아브라함의 때에 있었
던 것만큼이나 극심한 흉년이었다. 그래서 이삭
은 그랄에 있는 블레셋 왕 아비멜렉에게로 갔다.

²⁻⁵ **하나님**께서 이삭에게 나타나셔서 말씀하셨다. "이집트
로 내려가지 말고, 내가 네게 일러 주는 곳에 머물러라. 여
기 이 땅에 머물러라. 그러면 내가 너와 함께하고 네게 복
을 주겠다. 내가 너와 네 자손에게 이 모든 땅을 주어, 내가
네 아버지 아브라함에게 맹세한 약속을 다 이루겠다. 내가
네 후손을 하늘의 별처럼 많게 하고, 그들에게 이 모든 땅
을 주겠다. 세상 모든 민족이 네 후손으로 인하여 복을 받게
될 것이다. 그것은, 아브라함이 나의 부름에 순종하고, 나
의 명령, 곧 나의 계명과 나의 규례와 나의 가르침을 따랐기
때문이다."

⁶ 그래서 이삭은 그랄에 머물렀다.

⁷ 그곳 사람들이 그의 아내에 대해 물었다. 이삭이 "그녀는
내 누이입니다" 하고 대답했다. 그는 "내 아내입니다" 하고
말하기가 두려웠다. "리브가가 몹시 아름답기 때문에 이 사

람들이 나를 죽이고 그녀를 빼앗아 갈지도 모른다"고 생각
했던 것이다.

8-9 그들이 그곳에 머문 지 꽤 오랜 시간이 지난 어느 날, 블
레셋 왕 아비멜렉이 창밖을 내다보다가, 이삭이 자기 아내
리브가를 껴안는 모습을 보았다. 아비멜렉이 사람을 보내어
이삭을 불러들였다. 그가 말했다. "그러니까 그녀는 그대의
아내였군. 그런데 어찌하여 그대는 누이라고 말했소?"
이삭이 대답했다. "그녀를 탐내는 사람에게 제가 죽을지도
모른다고 생각했기 때문입니다."

10 아비멜렉이 말했다. "그러나 그대가 우리에게 무슨 일을
저지를 뻔했는지 생각해 보시오! 시간이 조금 더 있었으면,
남자들 가운데 누군가가 그대의 아내와 잠자리를 같이했을
지도 모르잖소. 그대 때문에 우리가 죄를 지을 뻔했소."

11 아비멜렉은 백성에게 명령을 내렸다. "누구든지 이 남자
나 그의 아내를 건드리는 자는 반드시 죽을 것이다."

12-15 이삭이 그 땅에 곡물을 심어 엄청난 수확을 거두었다.
하나님께서 그에게 복을 주셨다. 이삭은 점점 더 부유해져,
아주 큰 부자가 되었다. 그의 양 떼와 소 떼와 종들이 많이
불어나자, 블레셋 사람들이 그를 시기하기 시작했다. 그들
은 앙심을 품고, 이삭의 아버지 아브라함의 종들이 아브라
함의 때에 판 모든 우물을 흙과 쓰레기로 막아 버렸다.

16 마침내, 아비멜렉이 이삭에게 말했다. "떠나시오. 그대는

너무 커져서 우리가 감당하지 못하겠소."

¹⁷⁻¹⁸ 그래서 이삭은 그곳을 떠났다. 그는 그랄 골짜기에 장막을 치고 정착했다. 이삭은 자기 아버지 아브라함의 때에 팠으나 아브라함이 죽자 블레셋 사람들이 막아 버린 우물들을 다시 팠다. 그는 자기 아버지가 그 우물들에 붙였던 원래 이름대로 이름을 붙여 불렀다.

¹⁹⁻²⁴ 어느 날, 이삭의 종들이 골짜기를 파다가 물이 솟아나는 샘을 발견했다. 그랄 지역의 목자들이 "이 물은 우리 것이오"라고 주장하며 이삭의 목자들과 다투었다. 이삭은 우물을 두고 다투었다고 해서 그 우물의 이름을 에섹(다툼)이라고 했다. 이삭의 목자들이 다른 우물을 팠는데, 그것을 두고도 다툼이 일어났다. 그래서 이삭은 그 우물의 이름을 싯나(불화)라고 했다. 이삭이 그곳을 떠나 또 다른 우물을 팠다. 그러나 이번에는 그 우물을 두고 다툼이 일지 않았다. 그래서 이삭은 그 우물의 이름을 르호봇(활짝 트인 곳)이라하고 이렇게 말했다. "이제 **하나님**께서 우리에게 넉넉한 땅을 주셨으니, 이 땅에서 우리가 퍼져 나갈 것이다." 그는 거기서 브엘세바로 올라갔다. 바로 그날 밤에 **하나님**께서 그에게 나타나서서 말씀하셨다.

나는 네 아버지 아브라함의 하나님이다.
내가 너와 함께 있으니, 조금도 두려워하지 마라.
내가 나의 종 아브라함으로 인하여

네게 복을 주고 네 자손이 번성하게 할 것이다.

25 이삭이 그곳에 제단을 쌓고 **하나님**의 이름을 부르며 기도를 드렸다. 그는 장막을 쳤고, 그의 종들은 또 다른 우물을 파기 시작했다.

26-27 그때 아비멜렉이 자신의 보좌관 아훗삿과 군지휘관 비골을 데리고 그랄에서부터 이삭에게로 왔다. 이삭이 그들에게 물었다. "무슨 일로 나에게 왔습니까? 그대들은 나를 미워하여, 그대들의 땅에서 나를 쫓아내지 않았습니까?"

28-29 그들이 대답했다. "우리는 **하나님**께서 그대 편에 계시다는 것을 분명히 알았소. 우리는 그대와 우리 사이에 서로 우호적인 관계를 유지하는 계약을 맺고 싶소. 우리는 전에 그대를 괴롭히지 않았고 친절히 대했으며, 그대가 우리에게서 평안히 떠나가게 해주었소. 그러니 그대도 우리에게 그렇게 해주시오. **하나님**의 복이 그대와 함께하기를 빕니다!"

30-31 이삭은 잔치를 베풀어 그들과 함께 먹고 마셨다. 이튿날 아침 그들은 서로 맹세를 주고받았다. 그런 다음 이삭이 작별을 고하자, 그들은 친구가 되어 헤어졌다.

32-33 그날 늦게 이삭의 종들이 그에게 와서 자신들이 파고 있던 우물에 관한 소식을 전했다. "저희가 물을 발견했습니다!" 이삭이 그 우물의 이름을 세바(맹세)라고 했다. 그것이 오늘날까지 그 도시의 이름, 곧 브엘세바(맹세의 우물)가 되었다.

❧

³⁴⁻³⁵ 에서는 마흔 살이 되던 때에 헷 사람 브에리의 딸 유딧
과 헷 사람 엘론의 딸 바스맛을 아내로 맞아들였다. 그들은
이삭과 리브가의 근심거리가 되었다.

이삭이 야곱을 축복하다

27 ¹ 이삭이 늙어서 거의 앞을 볼 수 없게 되자, 맏
아들 에서를 불러 말했다. "내 아들아."

"예, 아버지."

²⁻⁴ 이삭이 말했다. "나는 이제 늙어서 언제 죽을지 모르겠
구나. 내 부탁을 들어다오. 화살집과 활을 챙겨 들로 나가서
사냥을 좀 해오너라. 그런 다음 내가 좋아하는 별미를 준비
해서 내게 가져오너라. 내가 그것을 먹고 죽기 전에 너를 마
음껏 축복해 주겠다."

⁵⁻⁷ 이삭이 자기 아들 에서에게 하는 말을 리브가가 엿듣고
있었다. 에서가 자기 아버지를 위해 사냥감을 잡으러 들로
나가자마자, 리브가가 자기 아들 야곱에게 말했다. "방금
네 아버지가 네 형 에서와 나누는 이야기를 내가 엿들었다.
네 아버지가 이렇게 말씀하시더구나. '사냥감을 잡아 별미
를 준비해 오너라. 내가 그것을 먹고 죽기 전에 **하나님**의 복
으로 너를 축복해 주겠다.'

⁸⁻¹⁰ 그러니 아들아, 내 말을 잘 듣고 내가 일러 주는 대로 하

거라. 염소 떼가 있는 곳으로 가서, 새끼 염소 두 마리를 내
게 끌고 오너라. 네가 가장 좋은 것을 골라 오면, 내가 그것
들로 네 아버지가 좋아하는 별미를 준비하겠다. 너는 그것
을 아버지께 가져다드려라. 그러면 아버지가 그 음식을 드
시고 죽기 전에 너를 축복해 주실 것이다."

11-12 야곱이 말했다. "하지만 어머니, 에서 형은 털이 많은
사람이고 나는 피부가 매끈합니다. 아버지께서 나를 만지시
면 어떻게 되겠습니까? 아버지께서는 내가 아버지를 속이
고 있다고 여기실 것입니다. 축복은커녕 오히려 저주를 받
게 될 것입니다."

13 그의 어머니가 말했다. "그렇게 되면 그 저주는 내가 받을
테니, 너는 내가 시키는 대로만 하여라. 가서 염소를 끌고
오너라."

14 그가 가서 염소를 끌고 와 어머니에게 건네자, 그녀는 그
의 아버지가 몹시 좋아하는 별미를 요리했다.

15-17 리브가는 맏아들 에서의 예복을 가져다가 작은아들 야
곱에게 입혔다. 그리고 염소 가죽으로 그의 두 손과 매끈한
목덜미를 덮었다. 그런 다음 자신이 준비한 별미와 직접 구
운 신선한 빵을 야곱의 손에 건넸다.

18 야곱이 아버지에게 가서 말했다. "아버지!"

그러자 이삭이 말했다. "그래, 아들아, 너는 누구냐?"

19 야곱이 아버지에게 대답했다. "아버지의 맏아들 에서입니
다. 제가 아버지께서 말씀하신 대로 했습니다. 이제 일어

나셔서 제가 사냥한 고기를 드시고, 마음껏 저를 축복해 주십시오."

²⁰ 이삭이 물었다. "벌써 다녀왔느냐? 어떻게 이렇게 빨리 잡았느냐?"

"아버지의 **하나님**께서 제 길을 열어 주셨습니다."

²¹ 이삭이 말했다. "가까이 오너라, 아들아. 내가 너를 만져 봐야겠다. 네가 정말 내 아들 에서란 말이냐?"

²²⁻²³ 야곱이 아버지 이삭에게 가까이 다가가자, 이삭이 그를 만져 보고 말했다. "목소리는 야곱의 목소리인데, 손은 에서의 손이구나." 야곱의 손이 그의 형 에서의 손처럼 털이 많았기 때문에, 이삭은 그가 야곱인 것을 알아보지 못했다.

²³⁻²⁴ 이삭이 야곱을 축복하려다가 다시 물었다. "네가 정말로 내 아들 에서냐?"

"예, 그렇습니다."

²⁵ 이삭이 말했다. "음식을 가져오너라. 내가 내 아들이 사냥해 온 것을 먹고 마음껏 축복해야겠다." 야곱이 아버지에게 음식을 가져다드리자 이삭이 먹었다. 포도주도 가져다드리자 이삭이 마셨다.

²⁶ 이삭이 말했다. "아들아, 가까이 와서 내게 입을 맞춰 다오."

²⁷⁻²⁹ 야곱이 가까이 다가가서 이삭에게 입을 맞추자 이삭이 그의 옷 냄새를 맡았다. 마침내, 이삭이 그를 축복했다.

아, 내 아들의 냄새가

하나님께서 복을 내리신
넓은 들의 향기와 같구나.
하나님께서 네게
하늘의 이슬을 내리시고
땅에서 난 풍성한 곡식과 포도주를 주실 것이다.
민족들이 너를 섬기고
나라들이 네게 경의를 표할 것이다.
너는 네 형제들을 다스리고
네 어머니의 아들들이 네게 경의를 표할 것이다.
너를 저주하는 사람은 저주를 받고
너를 축복하는 사람은 복을 받을 것이다.

30-31 야곱이 이삭의 축복을 받고 나가자마자, 에서가 사냥을 마치고 돌아왔다. 그도 별미를 준비하여 아버지에게 가서 말했다. "일어나셔서 이 아들이 사냥해 온 고기를 드시고, 저를 마음껏 축복해 주십시오."

32 그의 아버지 이삭이 말했다. "그런데 너는 누구냐?"

"아버지의 아들, 아버지의 맏아들, 에서입니다."

33 이삭이 떨면서 크게 동요하기 시작했다. 그가 말했다. "그렇다면 먼저 사냥감을 잡아서 내게 가져온 그는 누구란 말이냐? 나는 네가 들어오기 바로 전에 식사를 마치고, 그를 축복해 주었다. 그가 영원히 복을 받을 것이다!"

34 아버지의 말을 들은 에서가 비통하게 흐느껴 울며 큰소리

로 말했다. "아버지! 제게도 축복해 주실 수 없습니까?"

³⁵ 이삭이 말했다. "네 동생이 이곳에 와서 속임수를 써 네 복을 가로채 갔구나."

³⁶ 에서가 말했다. "그 녀석의 이름이 야곱, 발뒤꿈치라고 불리는 것은 다 이유가 있었군요. 지금까지 그 녀석은 저를 두 번이나 속였습니다. 처음에는 제 장자의 권리를 빼앗아 가더니, 이제는 제가 받을 복까지 빼앗아 갔습니다."

에서가 간절히 청했다. "저를 위한 축복은 남겨 두지 않으셨습니까?"

³⁷ 이삭이 에서에게 대답했다. "나는 그를 네 주인이 되게 하고, 그의 모든 형제를 그의 종이 되게 했으며, 그에게 곡식과 포도주를 남김없이 주었다. 내가 그 모든 것을 다 주었는데, 내 아들아, 너를 위해 무엇이 남아 있겠느냐?"

³⁸ "아버지, 제게 축복해 주실 것이 하나도 없다는 말씀입니까? 아버지, 제게도 축복해 주십시오! 제게도 축복해 주세요!" 에서가 슬픔에 잠겨서 흐느꼈다.

³⁹⁻⁴⁰ 이삭이 그에게 말했다.

너는 땅의 혜택을 받지 못하고,
하늘의 이슬에서 멀리 떨어져 살 것이다.
너는 칼로 생계를 유지하며 살고
네 동생을 섬길 것이다.
그러나 네가 더 이상 감당할 수 없을 때

너는 속박에서 벗어나 자유롭게 뛰어다닐 것이다.

⁴¹ 에서는 아버지가 야곱을 축복한 일 때문에 야곱에 대한 분노로 들끓었다. 그는 "내 아버지의 죽음을 애곡할 때가 가까워지고 있다. 그때가 되면 내가 내 동생 야곱을 죽여 버리겠다"고 마음을 먹었다.

⁴²⁻⁴⁵ 맏아들 에서가 하는 말을 들은 리브가는, 작은아들 야곱을 불러 말했다. "네 형 에서가 네게 복수할 계획을 세우고 있다. 너를 죽이겠다는구나. 아들아, 내 말을 잘 들어라. 여기를 떠나거라. 하란에 있는 내 오라버니 라반에게 가서 네 목숨을 부지하여라. 네 형의 분노가 가라앉고 진정되어서 네가 그에게 한 일을 잊어버릴 때까지, 한동안 외삼촌 집에서 지내거라. 때가 되면, 내가 사람을 보내 너를 데려오게 하겠다. 내가 어찌 같은 날에 너희 둘을 다 잃겠느냐?"

⁴⁶ 리브가가 이삭에게 말했다. "나는 이 헷 여자들이 지긋지긋해요. 야곱마저 헷 여자와 결혼하겠다고 하면, 내가 어찌 살겠어요?"

28

¹⁻² 이삭은 야곱을 불러 축복한 다음, 이렇게 당부했다. "가나안 여인을 아내로 맞이해서는 안 된다. 당장 이곳을 떠나 밧단아람으로 가서, 네 외할아버지 브두엘의 집을 찾아가거라. 네 외삼촌 라반의 딸들 가운데

서 아내를 얻도록 하여라.

3-4 그러면 강하신 하나님께서 네게 복을 주시고 수많은 자손을 주셔서, 여러 민족을 이루게 하실 것이다. 아브라함의 복을 너와 네 자손에게도 주셔서, 네가 살고 있는 이 땅, 하나님께서 아브라함에게 주신 이 땅을 네가 차지하게 하실 것이다."

5 이삭은 야곱을 떠나보냈다. 야곱은 밧단아람으로 가서, 아람 사람 브두엘의 아들인 라반을 찾아갔다. 라반은 야곱과 에서의 어머니인 리브가의 오라버니였다.

6-9 에서는 이삭이 야곱을 축복하고 밧단아람으로 보내서 거기서 아내를 얻으라고 한 것과, 그를 축복하면서 가나안 여인과 결혼하지 말라고 당부한 것, 그리고 야곱이 부모의 말에 순종하여 밧단아람으로 떠난 것을 알게 되었다. 아버지 이삭이 가나안 여인을 얼마나 싫어하는지 알게 된 에서는, 이스마엘에게 가서 아브라함의 아들 이스마엘의 딸이요 느바욧의 누이인 마할랏과 결혼했다. 마할랏 외에도 그는 이미 여러 아내를 두고 있었다.

베델에서 드린 야곱의 서원

10-12 야곱은 브엘세바를 떠나 하란을 향해 갔다. 한 곳에 이르러 해가 지자, 그는 그곳에서 하룻밤을 묵기로 했다. 그는 거기에 있는 돌 하나를 가져다가 머리에 베고 누워 잠이 들었다. 그리고 꿈을 꾸었다. 꿈에 보니, 땅에 계단이 세워져 있고 그 끝이 하늘에까지 닿아서, 하나님의 천사들이 그 계

단을 오르내리고 있었다.

13-15 그때 **하나님**께서 야곱 바로 앞에서 말씀하셨다. "나는 **하나님**, 네 조상 아브라함의 하나님, 이삭의 하나님이다. 네가 지금 자고 있는 이 땅을 내가 너와 네 후손에게 주겠다. 네 후손이 땅의 먼지처럼 많아질 것이며, 서쪽에서부터 동쪽에 이르기까지 그리고 북쪽에서부터 남쪽에 이르기까지 퍼져 나갈 것이다. 땅의 모든 민족이 너와 네 후손으로 인하여 복을 받게 될 것이다. 참으로 내가 너와 함께 있어, 네가 어디로 가든지 너를 지키며, 너를 다시 이 땅으로 데려오겠다. 내가 네게 약속한 것을 다 이루기까지, 내가 너를 떠나지 않겠다."

16-17 야곱이 잠에서 깨어나 말했다. "하나님께서 이곳에 계시는데, 내가 정말 그것을 몰랐구나!" 그는 무척 두려웠다. 그는 경외감에 사로잡혀 작은 소리로 말했다. "믿기지 않아. 이 얼마나 놀랍고 거룩한 곳인가! 이곳이 바로 하나님의 집이며, 여기가 바로 하늘의 문이다."

18-19 야곱은 아침 일찍 일어나서, 베개로 삼았던 돌을 가져다가 기념기둥으로 세우고 그 위에 기름을 부었다. 그러고 나서 그곳의 이름을 베델(하나님의 집)이라고 했다. 그 전까지 그 성읍의 이름은 루스였다.

20-22 야곱은 이렇게 서원했다. "이제 시작하는 이 여정에서, 만일 하나님이 저와 함께 계셔서, 저를 지키고 보호하시며, 먹을 것과 입을 것을 마련해 주시고, 저로 무사히 제 아버지

집에 돌아가게 해주시면, **하나님께서는** 제 하나님이 되실 것입니다. 제가 기념으로 세운 이 돌기둥은, 이곳을 하나님이 사시는 곳이라 말해 주는 표석이 될 것입니다. 그리고 하나님께서 제게 무엇을 주시든지, 그 십분의 일을 하나님께 되돌려 드리겠습니다."

야곱이 라반의 집에 머물다

29

1-3 야곱이 다시 길을 떠나 동방 사람들의 땅에 이르렀다. 그가 보니 넓은 들에 우물이 있고, 세 무리의 양 떼가 우물 주위에서 자고 있었다. 이 우물은 양 떼에게 물을 먹이는 공동 우물이었다. 우물 입구는 큰 돌로 덮여 있었다. 양 떼가 다 모이면 목자들이 우물에서 돌을 굴려 양 떼에게 물을 먹였고, 물을 먹인 뒤에는 다시 돌을 제자리로 굴려서 우물을 덮어 두곤 했다.

4 야곱이 말했다. "여보시오, 당신들은 어디서 왔습니까?" 그들이 말했다. "하란에서 왔습니다."

5 야곱이 물었다. "나홀의 손자 라반이라는 분을 아십니까?" "예, 압니다."

6 야곱이 계속해서 물었다. "그분은 잘 지내고 계시는지요?" 그들이 대답했다. "아주 잘 지내고 있습니다. 저기 그의 딸 라헬이 양 떼를 몰고 오는군요."

7 야곱이 말했다. "아직 해가 한창인데, 지금은 양을 모을 때가 아니지 않습니까? 양 떼에게 물을 먹이고 나서 돌아가

풀을 더 먹이는 것이 어떨까요?"

⁸ 그들이 대답했다. "우리는 그렇게 할 수가 없답니다. 목자
들이 이곳에 다 도착한 뒤에야 물을 먹일 수 있습니다. 우물
에서 돌을 굴려 내리려면 모두가 힘을 합쳐야 하거든요. 그러
고 나서야 양 떼에게 물을 먹일 수 있습니다."

⁹⁻¹³ 야곱이 그들과 대화하고 있을 때, 라헬이 아버지의 양
떼를 몰고 왔다. 그녀는 양을 치고 있었다. 야곱은 자기 외
삼촌 라반의 딸 라헬을 알아보았다. 야곱은 그녀가 외삼촌
라반의 양 떼를 이끌고 도착한 것을 보자마자, 다가가서 혼
자 힘으로 우물 입구에서 돌을 굴려 내고 외삼촌 라반의 양
떼에게 물을 먹였다. 그러고 나서 야곱은 라헬에게 입 맞추
고 울음을 터뜨렸다. 그는 자신이 그녀 아버지의 친척이며
리브가의 아들임을 라헬에게 밝혔다. 그녀는 집으로 달려가
서 자신이 들은 것을 아버지에게 알렸다. 라반은 자기 누이
의 아들 야곱이 왔다는 소식을 듣고, 달려 나가서 그를 껴안
고 입 맞추고는 집으로 데려왔다. 야곱은 라반에게 그동안
있었던 일을 모두 이야기했다.

¹⁴⁻¹⁵ 라반이 말했다. "너는 내 가족이자, 내 혈육이다!"
야곱이 라반의 집에 머문 지 한 달이 되었을 때, 라반이 말
했다. "네가 내 조카이기는 하다만, 거저 일해서야 되겠느
냐? 어느 정도의 보수를 받고 싶은지 말해 보아라. 얼마면
적당하겠느냐?"

¹⁶⁻¹⁸ 라반에게는 두 딸이 있었다. 큰딸은 레아였고, 작은딸

은 라헬이었다. 레아는 눈매가 예뻤지만, 라헬은 눈부시게 아름다웠다. 야곱이 사랑한 사람은 라헬이었다.

그래서 야곱은 이렇게 대답했다. "외삼촌의 작은딸 라헬을 위해 제가 칠 년 동안 외삼촌의 일을 돕겠습니다."

¹⁹ 라반이 말했다. "그 아이를 낯선 사람과 결혼시키느니 네게 주는 것이 훨씬 낫겠다. 좋다. 여기 내 집에 머물러라."

²⁰ 그리하여 야곱은 라헬을 위해 칠 년 동안 일했다. 그러나 그가 그녀를 몹시 사랑했으므로, 칠 년이 수일처럼 여겨졌다.

²¹⁻²⁴ 마침내 야곱이 라반에게 말했다. "제가 일하기로 약속한 기한을 다 채웠으니, 이제 제 아내를 주십시오. 저는 당장이라도 결혼할 준비가 되어 있습니다." 라반은 주위 사람들을 모두 초청하여 성대한 잔치를 베풀었다. 하지만 저녁이 되자, 그는 자기 딸 레아를 데려다가 신방에 들여보냈고, 야곱은 그녀와 잠자리를 같이했다. (라반은 여종 실바를 딸 레아에게 몸종으로 주었다.)

²⁵ 아침이 되어 보니, 신방에 레아가 있었다!

야곱이 라반에게 따져 물었다. "제게 무슨 일을 하신 겁니까? 제가 라헬을 얻겠다고 이 모든 기간을 일한 것이 아닙니까? 외삼촌은 어째서 저를 속이셨습니까?"

²⁶⁻²⁷ 라반이 말했다. "우리 지역에서는 그런 식으로 하지 않는다네. 작은딸을 큰딸보다 먼저 결혼시키는 법이 없지. 신혼 첫 주를 즐기게. 그러면 다른 딸도 자네에게 주겠네. 그러나 그 값으로 칠 년을 더 일해야 할 것이네."

²⁸⁻³⁰ 야곱은 그렇게 하기로 했다. 신혼 첫 주를 지내자, 라반은 자기 딸 라헬을 야곱에게 주어 그의 아내가 되게 했다. (라반은 여종 빌하를 딸 라헬에게 몸종으로 주었다.) 야곱은 라헬과 잠자리를 같이했다. 야곱은 레아보다 라헬을 더 사랑했다. 그가 다시 칠 년 동안 라반을 위해 일했다.

³¹⁻³² **하나님**께서 레아가 사랑받지 못하는 것을 아시고 그녀의 태를 열어 주셨다. 그러나 라헬은 아이를 갖지 못했다. 레아가 임신하여 아들을 낳았다. 그녀는 아이의 이름을 르우벤(보라, 사내아이다!)이라 하고, "이것은 **하나님**께서 나의 불행을 보셨다는 증거다. 이제 내 남편이 나를 사랑해 줄 것이라는 증거나 다름없어" 하고 말했다.

³³⁻³⁵ 레아가 또 임신하여 아들을 낳았다. 그녀는 "**하나님**께서 내가 사랑받지 못한다는 것을 들으시고 내게 이 아들도 주셨다" 말하고, 아이의 이름을 시므온(**하나님**께서 들으셨다)이라고 했다. 그녀가 다시 임신하여 아들을 낳았다. 그녀는 "내가 아들 셋을 낳았으니, 이제는 남편의 마음이 나와 통할 거야" 하면서, 아이의 이름을 레위(통하다)라고 했다. 그녀가 마지막으로 임신하여 네 번째 아들을 낳았다. 그녀는 "이제는 내가 **하나님**을 찬양하리라" 말하고, 아이의 이름을 유다(하나님을 찬양하다)라고 했다. 그러고는 그녀의 출산이 그쳤다.

❦

30

¹ 라헬은 자신이 야곱의 아이를 낳지 못함을 깨닫고 언니를 시샘했다. 그녀가 야곱에게 말했다. "나도 아이를 갖게 해주세요. 그러지 않으면 죽어 버리겠어요!"

² 야곱이 라헬에게 화를 내며 말했다. "내가 하나님이라도 된다는 말이오? 내가 당신이 아이를 갖지 못하게 하기라도 했다는 말이오?"

³⁻⁵ 라헬이 말했다. "내 몸종 빌하가 있으니, 그녀와 잠자리를 같이하세요. 그녀가 나를 대신해 아이를 낳으면, 내가 그녀를 통해 아이를 얻어 집안을 이어 나갈 수 있을 거예요." 그녀는 자신의 몸종 빌하를 야곱에게 아내로 주었고, 야곱은 빌하와 잠자리를 같이했다. 빌하가 임신하여 야곱의 아들을 낳았다.

⁶⁻⁸ 라헬이 말했다. "하나님께서 내 편에서 나를 변호해 주셨다. 하나님께서 내 말을 들으시고 내게 아들을 주셨어." 그녀는 아이의 이름을 단(변호)이라고 했다. 라헬의 몸종 빌하가 또 임신하여 야곱에게서 두 번째 아들을 낳자, 라헬이 말했다. "내가 온 힘을 다해 언니와 싸워서 이겼다." 그러고는 아이의 이름을 납달리(싸움)라고 했다.

⁹⁻¹³ 레아는 자신이 더 이상 아이를 낳을 수 없다는 것을 알고, 자신의 몸종 실바를 야곱에게 아내로 주었다. 실바가 야곱의 아들을 낳자, 레아가 "참 다행이구나!" 하고 말하면서 아이의 이름을 갓(행운)이라고 했다. 레아의 몸종 실바가 야

곱에게서 두 번째 아들을 낳자, 레아가 "참 행복한 날이다!
여자들이 나의 행복을 보고 축하해 줄 거야" 하고 말했다.
그러고는 아이의 이름을 아셀(행복하다)이라고 했다.

¹⁴ 밀 수확이 있던 어느 날, 르우벤이 들에서 합환채를 발견
하고는, 그것을 집으로 가져와 자기 어머니 레아에게 주었
다. 라헬이 레아에게 물었다. "언니의 아들이 가져온 합환
채를 좀 얻을 수 있을까요?"

¹⁵ 레아가 대답했다. "내게서 남편을 빼앗아 간 것으로는 부
족하더냐? 그래서 이제는 내 아들이 가져온 합환채까지 원
하는 거냐?"

라헬이 말했다. "좋아요. 언니의 아들이 가져온 사랑의 열
매를 얻는 대신에 오늘 밤 그이가 언니와 잠자리를 같이하
게 해주지요."

¹⁶⁻²¹ 그날 저녁에 야곱이 들에서 돌아오자, 레아가 그를 맞
이하며 말했다. "오늘 밤에는 나와 잠자리를 같이해요. 내
아들이 구해 온 합환채를 주고 당신과 하룻밤을 보내기로
했어요." 그래서 야곱은 그날 밤 레아와 잠자리를 같이했
다. 하나님께서 레아의 말에 귀 기울여 주셔서, 레아가 임신
하여 야곱에게서 다섯 번째 아들을 낳았다. 그녀가 말했다.
"내 몸종을 남편에게 주었더니 하나님께서 내게 갚아 주셨
다." 그녀는 아이의 이름을 잇사갈(교환했다)이라고 했다. 레
아가 또 임신하여 야곱에게서 여섯 번째 아들을 낳고는 "하
나님께서 내게 큰 선물을 주셨다. 내가 아들 여섯을 낳았으

니, 이제는 남편이 나를 존중해 줄 거야" 하고 말했다. 그녀는 아이의 이름을 스불론이라고 했다. 그녀는 마지막으로 딸을 낳고 아이의 이름을 디나라고 했다.

22-24 그때에 하나님께서 라헬을 기억하셨다. 하나님께서 그녀의 말에 귀 기울이시고, 그녀의 태를 열어 주셨다. 그녀가 임신하여 아들을 낳고는, "하나님께서 나의 수치를 없애 주셨다" 하고 말했다. 그녀는 "**하나님**께서 내게 아들을 하나 더 주시면 좋으련만" 하고 기도하며, 아이의 이름을 요셉(더 하다)이라고 했다.

야곱의 품삯

25-26 라헬이 요셉을 낳은 뒤에, 야곱이 라반에게 말했다. "제가 고향으로 돌아가게 해주십시오. 장인어른을 섬기고 얻은 제 아내들과 자식들을 제게 주십시오. 제가 장인어른을 위해 얼마나 열심히 일했는지 장인어른도 잘 아십니다."

27-28 라반이 말했다. "맞는 말이네. 내가 점을 쳐 보니, **하나님**께서 자네 때문에 내게 복을 주셨다는 것을 알겠더군." 그러고는 이렇게 말을 이었다. "내가 얼마를 주면 좋을지 정해 보게. 내가 자네에게 주겠네."

29-30 야곱이 대답했다. "제가 한 일이 장인어른께 얼마나 가치가 있었는지, 제가 장인어른의 가축을 돌보는 동안 가축이 얼마나 불어났는지, 장인어른도 잘 아십니다. 제가 여기 왔을 때만 해도 장인어른의 재산이 보잘것없었으나 이제는

크게 불어났습니다. 제가 한 모든 일이 장인어른께는 복이 되었습니다. 이제는 제가 제 가족을 위해 무언가를 해야 하지 않겠습니까?"

31-33 "그래, 내가 자네에게 무엇을 해주면 되겠나?"

야곱이 말했다. "아무것도 해주지 않으셔도 됩니다. 다만 이렇게 하면 어떻겠습니까? 제가 목장으로 돌아가서 장인어른의 가축 떼를 돌보겠습니다. 오늘 모든 가축 떼를 샅샅이 살펴서, 얼룩지거나 점이 있는 양과, 검은 새끼양과, 점이 있거나 얼룩진 염소들을 골라 내십시오. 그것들이 제 품삯이 될 것입니다. 그리하면 장인어른께서 제 품삯을 조사하실 때 저의 정직함을 확인하실 수 있을 것입니다. 장인어른께서 얼룩지지 않고 점이 없는 염소나 검지 않은 양을 발견하시면, 제가 그것을 훔친 것으로 아셔도 좋습니다."

34 라반이 말했다. "좋네. 그렇게 하지."

35-36 그러나 라반은 그날로 얼룩지고 점이 있는 숫염소와 얼룩지고 점이 있는 암염소와 검은 양과 흰색 기미가 도는 가축까지 모두 가려내어, 자기 아들들 손에 맡겨 돌보게 했다. 그런 다음 자신과 야곱 사이에 사흘 거리를 두었다. 그동안 야곱은 라반의 남은 가축 떼를 돌보았다.

37-42 야곱은 미루나무, 감복숭아나무, 버즘나무의 싱싱한 가지들을 꺾어다가 껍질을 벗겨 흰 줄무늬가 드러나게 했다. 그는 껍질을 벗긴 가지들을 가축 떼가 물을 먹으러 오는 여물통 앞에 세워 두었다. 짝짓기 때가 된 가축들이 물을 마시

러 와서 줄무늬가 있는 나뭇가지들 앞에서 짝짓기를 했다.
그렇게 짝짓기를 한 것들은 줄무늬가 있거나 점이 있거나
얼룩진 새끼들을 낳았다. 야곱은 암양들을 라반의 양 떼 가
운데서 검은 빛이 도는 양들 앞에 두었다. 그는 이런 식으로
양 떼를 구분해 자신의 것으로 가려내어 라반의 양 떼와 섞
이지 않게 했다. 튼튼한 가축들이 짝짓기를 할 때면, 그 가
축들이 볼 수 있도록 여물통 앞에 가지들을 세워 놓아, 그
앞에서 짝짓기를 하게 했다. 그러나 약한 가축들 앞에는 그
가지들을 세워 두지 않았다. 그리하여 약한 것들은 라반의
것이 되고, 튼튼한 것들은 야곱의 것이 되었다.

43 야곱은 점점 더 부자가 되었다. 낙타와 나귀는 말할 것도
없고, 상당히 많은 양 떼와 종들을 손에 넣게 되었다.

야곱이 라반을 떠나 고향으로 돌아가다

31

1-2 야곱은 라반의 아들들이 뒤에서 쑥덕거리는
소리를 들었다. "야곱이 우리 아버지 재산을 이
용해서 자기 잇속만 차리는데, 우리 아버지는 손해만 보고
있다." 동시에 야곱은 라반의 태도가 달라졌다는 것도 알게
되었다. 자신을 대하는 태도가 전과 같지 않았던 것이다.

3 그때에 **하나님**께서 야곱에게 말씀하셨다. "네가 태어난
고향으로 돌아가거라. 내가 너와 함께 가겠다."

4-9 야곱은 라헬과 레아에게 기별하여 그의 가축 떼가 있는
들에서 만나자고 했다. 야곱이 말했다. "내가 보니, 그대들

의 아버지가 나를 대하는 태도가 달라졌소. 나를 예전처럼
대해 주시지 않소. 그러나 내 아버지의 하나님께서는 변함
이 없으셔서, 지금도 나와 함께하고 계시오. 내가 그대들의
아버지를 위해 얼마나 열심히 일했는지는 그대들이 잘 알
것이오. 그런데도 그대들의 아버지는 몇 번이나 되풀이하여
나를 속이고, 내 품삯도 번번이 바꿔 셈했소. 그러나 하나
님께서는 그대들의 아버지가 내게 해를 입히지 못하게 하셨
소. 그대들의 아버지가 '얼룩진 것이 자네의 품삯이 될 것이
네' 하고 말하면 온 가축이 얼룩진 양과 새끼를 낳았고, 그
대들의 아버지가 '이제부터는 줄무늬 있는 것이 자네의 품
삯이 될 것이네' 하고 말하면 온 가축이 줄무늬 있는 새끼를
낳았소. 하나님께서는 몇 번이고 그대들 아버지의 가축을
이용해서 내게 갚아 주셨소.

10-11 일찍이 가축들이 짝짓기를 하던 때에, 나는 꿈에 줄무
늬가 있고 얼룩지고 점이 있는 숫염소들이 암염소들에 올라
타는 것을 보았소. 그 꿈에서 하나님의 천사가 '야곱아!' 하
고 나를 불렀소.

나는 '예' 하고 대답했소.

12-13 그 천사가 이렇게 말했소. '잘 보아라. 가축들 가운데
짝짓기를 하고 있는 염소들은 다 줄무늬가 있고 얼룩지고
점이 있는 것뿐임을 알아 두어라. 라반이 이제까지 네게 어
떻게 했는지 내가 다 안다. 나는 베델의 하나님이다. 네가
거기서 한 기둥을 거룩하게 구별해 세우고 내게 서원했다.

이제 너는 이곳을 떠나 네가 태어난 고향으로 돌아가거라.'"

¹⁴⁻¹⁶ 라헬과 레아가 말했다. "우리 아버지가 언제 우리를 제대로 대해 준 적이 있나요? 아버지는 우리를 이방인보다도 못하게 대했잖아요. 아버지가 바란 것은 온통 돈밖에 없었습니다. 그것도 우리를 팔아서 번 것인데도 아버지가 다 써버리고 말았습니다. 하나님께서 우리 아버지에게서 거두어 우리에게 돌려주신 재산은 당연히 우리와 우리 자녀들 몫입니다. 그러니 망설이지 마세요. 하나님께서 당신에게 일러주신 대로 하세요."

¹⁷⁻¹⁸ 야곱은 그렇게 했다. 그는 자녀와 아내들을 낙타에 태우고, 모든 가축과 밧단아람에서 얻은 것을 전부 가지고서, 가나안 땅에 있는 자기 아버지 이삭의 집으로 떠났다.

¹⁹⁻²¹ 마침 라반은 양털을 깎으러 가고 없었다. 라헬이 그 틈을 타서 아버지 집의 수호신상을 훔쳐 냈다. 야곱이 자신의 계획을 비밀로 했기 때문에, 아람 사람 라반은 사태가 어떻게 돌아가는지 전혀 몰랐다. 야곱은 자신의 전 재산을 가지고 떠났다. 이내 유프라테스 강을 건너 길르앗 산지를 향해 나아갔다.

²²⁻²⁴ 라반은 사흘이 지나서야 "야곱이 도망쳤다"는 소식을 들었다. 라반은 친척들을 불러 모아 야곱을 추격했다. 그들은 칠 일이 지나서야 길르앗 산지에서 그를 따라잡았다. 그날 밤 꿈에 하나님께서 아람 사람 라반에게 나타나셔서 말씀하셨다. "좋은 일이든 나쁜 일이든, 야곱에게 함부로 하

지 마라."

25 라반이 이르러 보니, 야곱이 길르앗 산지에 장막을 쳐 놓았다. 라반도 그곳에 장막을 쳤다.

26-30 라반이 말했다. "자네가 나 몰래 내빼고 내 딸들을 포로처럼 끌고 가다니, 무슨 생각으로 이렇게 했는가? 어째서 도둑처럼 밤중에 도망쳤는가? 왜 내게 알리지 않았나? 내가 알았더라면, 음악과 소고와 피리를 동원해서 성대한 환송식을 열어 자네를 떠나보냈을 것이네! 하지만 자네는 내가 내 딸들과 손자손녀들에게 입 맞출 기회조차 주지 않았네. 그렇게 한 것은 어리석은 짓이네. 나는 마음만 먹으면 당장 자네를 해칠 수 있지만, 자네 아버지의 하나님께서 간밤에 내게 나타나셔서 말씀하셨네. 좋은 일이든 나쁜 일이든, 야곱에게 함부로 하지 말라고 말일세. 고향이 그리워서 떠난 것은 이해가 되네. 하지만 내 집의 수호신상은 왜 훔쳐 갔는가?"

31-32 야곱이 라반에게 대답했다. "저는 장인어른이 제게서 장인어른의 딸들을 강제로 빼앗아 갈까 봐 두려웠습니다. 그러나 장인어른의 수호신상에 관해서는, 여기 있는 누구에게서 그것이 나오든, 그 사람은 살아남지 못할 것입니다. 우리 모두 지켜볼 테니, 뒤져 보십시오. 장인어른께 속한 것이 조금이라도 나오거든, 그것을 가져가십시오." 야곱은 라헬이 수호신상을 훔쳤다는 사실을 모르고 있었다.

33-35 라반은 야곱의 장막과 레아의 장막과 두 여종의 장막을

살살이 뒤졌지만, 아무것도 찾아내지 못했다. 그는 레아의 장막에서 나와 라헬의 장막으로 갔다. 그러나 라헬은 그 수호신상을 가져다 낙타 안장 속에 넣고는 그 위에 앉아 있었다. 라반이 장막을 뒤지고 살살이 수색했으나 아무것도 찾아내지 못했다. 라헬이 자기 아버지에게 말했다. "아버지, 제가 월경중이라 아버지 앞에서 일어설 수 없으니, 저를 무례하다 여기지 말아 주십시오." 라반은 그곳을 살살이 뒤져 보았으나, 수호신상을 찾아내지 못했다.

36-37 이제는 야곱이 화를 내며 라반에게 따졌다. "제가 무슨 죄를 짓고 무슨 잘못을 저질렀기에, 저를 이렇게 괴롭히십니까? 장인어른께서 이곳을 살살이 뒤졌으나, 장인어른의 소유라고 할 만한 것을 단 하나라도 찾아낸 것이 있습니까? 있다면, 보여주십시오. 증거를 제시해 주십시오. 장인어른과 저 사이에 누가 옳고 그른지, 우리 가족과 장인어른의 가족이 배심원이 되어 가려 줄 것입니다.

38-42 제가 장인어른을 위해 이십 년 동안 일하면서, 암양과 암염소가 유산한 적이 한 번도 없었습니다. 저는 장인어른의 가축 가운데서 숫양 한 마리 잡아먹은 적이 없습니다. 들짐승에게 찢긴 가축은 장인어른께 가져가지 않고 제 주머니를 털어 변상했습니다. 사실, 장인어른은 제 잘못인지 아닌지 가리지도 않고 제게 물어내게 하셨습니다. 저는 찌는 듯한 더위나 살을 에는 듯한 추위에도 밖에서 일했고, 잠을 못자고 밤을 새운 적도 여러 번 있었습니다. 지난 이십 년 동

안 저는, 장인어른의 두 딸을 얻기 위해 십사 년을 종처럼 일했고, 장인어른의 가축을 얻기 위해 육 년을 더 일했습니다. 그런데도 장인어른은 제 품삯을 열 번이나 바꿔 셈했습니다. 제 아버지의 하나님, 아브라함의 하나님, 이삭의 두려우신 하나님께서 저와 함께 계시지 않았다면, 장인어른은 저를 빈손으로 떠나보냈을 것입니다. 그러나 하나님께서는 제가 곤경에 처한 것과 제가 얼마나 열심히 일했는지를 아시고, 지난밤에 판결을 내려 주신 것입니다."

43-44 라반이 자신을 변호했다. "딸들도 내 딸들이고, 아이들도 내 아이들이고, 가축도 내 가축일세. 자네 눈에 보이는 모든 것이 내 것일세. 그러나 내가 내 딸들이나 그 애들이 낳은 자식들을 어찌하겠는가? 그러니 자네와 나 사이에 계약을 맺어 해결하세. 하나님께서 우리 사이에 증인이 되어 주실 것이네."

45 야곱이 돌 하나를 가져다가 기둥처럼 똑바로 세웠다.

46-47 야곱이 가족을 불러 모아 "돌들을 가져오시오!" 하고 말했다. 그들은 돌들을 주워 모아 쌓아 올리고, 그 돌무더기 곁에서 음식을 먹었다. 라반은 그 돌무더기를 아람 말로 여갈사하두다(증거의 기념비)라고 했고, 야곱은 히브리 말로 갈르엣(증거의 기념비)이라고 했다.

48-50 라반이 말했다. "이제부터 이 돌무더기 기념비가 자네와 나 사이에 증거가 될 것이네." (이 돌무더기를 갈르엣, 곧 증거의 기념비라 부르는 것은 이 때문이다.) 이 돌무더기를 미

스바(망루)라고도 하는데, 이는 라반이 이렇게 말했기 때문이다. "우리가 서로 보지 못할 때에도 하나님께서 자네와 나 사이에서 지켜보신다네. 자네가 내 딸들을 박대하거나 다른 아내들을 맞아들이면, 주위에 자네를 보는 사람이 아무도 없다 하더라도, 하나님께서 자네를 보시고 우리 사이에 증인이 되어 주실 것이네."

51-53 라반이 계속해서 야곱에게 말했다. "이 돌무더기 기념비와 내가 세운 이 돌기둥이 증거일세. 내가 이 선을 넘어가 자네를 해치지 않고, 자네도 이 선을 넘어와 나를 해치지 않겠다는 증거 말일세. 아브라함의 하나님, 나홀의 하나님(그들 조상의 하나님)께서 우리 사이의 일들을 올바르게 해주실 것이네."

53-55 야곱도 두려우신 분, 곧 자기 아버지 이삭의 하나님께 맹세하며 약속했다. 야곱은 산에서 제사를 드리고 예배한 뒤에, 친족들을 모두 식사에 청했다. 그들은 음식을 먹고 그날 밤을 그 산에서 묵었다. 라반은 이튿날 아침 일찍 일어나, 손자손녀와 딸들에게 입 맞추고 그들을 축복한 다음 집을 향해 출발했다.

네 이름은 더 이상 야곱이 아니다

32

1-2 야곱도 자기 길을 갔다. 하나님의 천사들이 그를 만났다. 야곱이 그들을 보고 "하나님의 진이다!" 하고 말했다. 그러고는 그곳의 이름을 마하나임(진

영)이라고 했다.

3-5 그런 다음 야곱은 에돔의 세일 땅에 사는 자기 형 에서에게 심부름꾼들을 먼저 보냈다. 그는 그들에게 지시했다. "나의 주인 에서께 이렇게 전하여라. '당신의 종 야곱이 말씀드립니다. 저는 라반의 집에 머물며 지금까지 떠나지 못하고 있었습니다. 그동안 저는 소와 나귀와 양 떼를 얻게 되었고, 남녀 종들도 거느리게 되었습니다. 주인님, 주인님의 허락을 바라며 제가 이 모든 소식을 전합니다.'"

6 심부름꾼들이 야곱에게 돌아와 말했다. "주인님의 형님이신 에서께 주인님의 소식을 전했습니다. 그분은 주인님을 맞이하러, 부하 사백 명을 거느리고 오시는 중입니다."

7-8 야곱은 몹시 두렵고 겁이 났다. 당황한 그는, 일행과 양과 소와 낙타 떼를 두 진으로 나누고 나서 생각했다. "에서 형님이 한쪽 진을 치면, 다른 쪽 진은 달아날 기회가 있을 거야."

9-12 야곱이 기도했다. "나의 조상 아브라함의 하나님, 나의 아버지 이삭의 하나님, 제게 '네 부모의 고향으로 돌아가거라. 그러면 내가 너를 선대하겠다'고 말씀하신 **하나님**, 저는 **하나님**께서 보여주신 그 모든 사랑과 성실을 받을 만한 사람이 못됩니다. 제가 이곳을 떠나 요단 강을 건너던 때, 제가 가진 것은 웃가지가 전부였습니다. 하지만 보십시오. 이제 저는 두 진이나 이루었습니다! 몹시도 화가 난 제 형님으로부터 저를 구해 주십시오! 그가 와서 저와 제 아내들과

자식들 할 것 없이 저희 모두를 칠까 두렵습니다. **하나님께** 서는 '내가 너를 선대하겠다. 네 자손을 바다의 모래처럼 셀 수 없을 만큼 많아지게 하겠다'고 친히 말씀하셨습니다."

13-16 야곱은 그날 밤 그곳에서 묵었다. 그는 자기 소유물 가운데서 형 에서에게 줄 선물을 골라 준비했다. 암염소 이백 마리와 숫염소 스무 마리, 암양 이백 마리, 숫양 스무 마리, 새끼 딸린 낙타 서른 마리, 암소 마흔 마리, 황소 열 마리, 암나귀 스무 마리, 수나귀 열 마리였다. 그는 종들에게 한 떼씩 맡기며 말했다. "나보다 앞서 가거라. 가축 떼 사이에 거리를 충분히 두어라."

17-18 그런 다음 첫 번째 종에게 이렇게 지시했다. "나의 형님 에서가 가까이 다가와서 '네 주인이 누구냐? 어디로 가는 중이냐? 이것들은 누구의 것이냐?' 하고 묻거든, '주인님의 종 야곱의 것입니다. 이것들은 에서 주인님께 드리는 선물입니다. 그도 뒤에 오고 있습니다' 하고 대답하여라."

19-20 그는 떼를 이끌고 출발하는 두 번째 종과 세 번째 종에게도 차례로 같은 지시를 내렸다. "너는 이렇게 말하여라. '주인님의 종 야곱이 저희 뒤에 오고 있습니다.'" 야곱은 생각했다. "연이어 선물을 받으면 형님의 마음이 풀어지겠지. 그런 다음에 내 얼굴을 보면, 형님이 나를 기쁘게 맞아 줄지도 몰라."

21 야곱은 선물을 앞세워 보내고, 그날 밤을 진에서 머물렀다.

22-23 그러나 야곱은 밤중에 일어나, 두 아내와 두 여종과 열한

명의 자녀들을 데리고 얍복 강을 건넜다. 그는 그들을 강 너머
로 안전하게 건너보내고, 자신의 모든 소유물도 건너보냈다.
²⁴⁻²⁵ 야곱이 홀로 뒤에 남았는데, 어떤 사람이 그를 붙잡고
동이 틀 때까지 씨름했다. 그 사람은 야곱을 이길 수 없음을
알고는, 일부러 야곱의 엉덩이뼈를 쳐서 탈골시켰다.

²⁶ 그 사람이 말했다. "동이 트려고 하니 나를 놓아 다오."
야곱이 말했다. "저를 축복해 주시지 않으면 놓아주지 않겠
습니다."

²⁷ 그 사람이 물었다. "네 이름이 무엇이냐?"
야곱이 대답했다. "야곱입니다."

²⁸ 그 사람이 말했다. "아니다. 이제 네 이름은 더 이상 야곱
이 아니다. 네가 하나님과 씨름하여 이겼으니, 이제부터 네
이름은 이스라엘(하나님과 씨름한 자)이다."

²⁹ 야곱이 물었다. "당신의 이름이 무엇입니까?"
그 사람이 말했다. "어째서 내 이름을 알려고 하느냐?" 그
러고는 곧 그 자리에서 야곱을 축복해 주었다.

³⁰ 야곱은 "내가 하나님을 마주 대하여 뵈었는데도, 이렇게
살아서 이야기를 전하는구나!" 하고 말하며, 그곳의 이름을
브니엘(하나님의 얼굴)이라고 했다.

³¹⁻³² 야곱이 브니엘을 떠날 때 해가 떠올랐다. 그는 엉덩이
뼈 때문에 절뚝거렸다. (그래서 이스라엘 사람들은 오늘날까지
도 엉덩이뼈의 힘줄을 먹지 않는다. 야곱의 엉덩이뼈가 탈골되었
기 때문이다.)

야곱과 에서의 화해

33 ¹⁻⁴ 야곱이 눈을 들어 보니, 에서가 부하 사백 명을 거느리고 오고 있었다. 야곱은 레아와 라헬과 두 여종에게 자녀들을 나누어 맡기고, 맨 앞에는 두 여종을, 그 뒤에는 레아와 그녀의 아이들을, 그리고 맨 뒤에는 라헬과 요셉을 세웠다. 야곱 자신은 선두에 서서, 자기 형에게 다가가면서 일곱 번 절하고 경의를 표했다. 그러자 에서가 달려와 그를 와락 껴안았다. 그는 야곱을 힘껏 안고 입을 맞추었다. 그 둘은 함께 울었다.

⁵ 잠시 후에 에서가 둘러보다가, 여인과 아이들을 보고 물었다. "너와 함께 있는 이 사람들은 누구냐?"

야곱이 대답했다. "하나님께서 제게 은혜로 주신 자녀들입니다."

⁶⁻⁷ 그러자 두 여종이 자기 아이들과 함께 나아와 절하고, 이어서 레아와 그녀의 아이들이 나아와 절하고, 마지막으로 라헬과 요셉이 에서에게 나아와 절했다.

⁸ 에서가 물었다. "내가 앞서 만난 가축 떼는 다 무엇이냐?"

"주인님께서 저를 너그러이 맞아 주셨으면 하는 마음에서 보내드린 것입니다."

⁹ 에서가 말했다. "내 아우야, 나는 온갖 것을 풍성히 가지고 있으니 네 것은 네가 가지거라."

¹⁰⁻¹¹ 야곱이 말했다. "아닙니다. 받아 주십시오. 저를 맞아 줄 마음이 있으시면, 그 선물을 받아 주십시오. 주인님의 얼

굴을 뵈니, 저를 보고 미소 지으시는 하나님의 얼굴을 뵙는 것 같습니다. 제가 주인님께 드린 선물을 받아 주십시오. 하나님께서 저를 선대해 주셔서, 저는 넉넉히 가지고 있습니다." 야곱이 간곡히 권하므로 에서가 선물을 받아들였다.

¹² 에서가 말했다. "내가 앞장설 테니, 어서 출발하자."

¹³⁻¹⁴ 그러자 야곱이 말했다. "주인님도 보시다시피, 아이들이 많이 지쳐 있습니다. 가축들도 새끼에게 젖을 먹여야 하니, 천천히 진행하는 것이 좋겠습니다. 하루라도 심하게 몰다가는 다 죽고 말 것입니다. 그러니 주인님께서는 이 종보다 앞서 가십시오. 저는 제 가축 떼와 아이들 걸음에 맞춰서 천천히 가겠습니다. 세일에서 주인님을 만나겠습니다."

¹⁵ 에서가 말했다. "그렇다면 내 부하 몇을 네게 남겨 두도록 하겠다."

야곱이 말했다. "그러실 필요가 없습니다. 저를 이렇게 환대해 주신 것으로 충분합니다."

¹⁶ 에서는 그날로 길을 떠나 세일로 돌아갔다.

¹⁷ 야곱은 숙곳으로 갔다. 그는 자기가 살 집과 가축을 위한 초막을 지었다. 그리하여 그곳을 숙곳(초막)이라고 부르게 되었다.

¹⁸⁻²⁰ 이렇게 야곱은 밧단아람을 떠나 가나안 땅 세겜 성읍에 무사히 이르렀다. 그는 그 성읍 근방에 장막을 쳤다. 그리고 장막을 친 그 땅을 세겜의 아버지 하몰의 아들들에게서 샀다. 그는 그 땅값으로 은화 백 개를 지불했다. 그런 다음 그

곳에 제단을 쌓고, 그 이름을 엘엘로헤이스라엘(이스라엘의 하나님은 강하시다)이라고 했다.

디나가 부끄러운 일을 당하다

34 ¹⁻⁴ 어느 날, 레아가 낳은 야곱의 딸 디나가 그 땅 여자들을 만나러 갔다. 그 땅의 족장이며 히위 사람 하몰의 아들인 세겜이 그녀를 보고 강간하여 욕보였다. 그가 야곱의 딸 디나에게 마음을 빼앗기고 사랑에 빠져서, 결혼해 달라고 졸라 댔다. 세겜이 자기 아버지 하몰에게 말했다. "이 소녀를 제 아내로 얻어 주십시오."

⁵⁻⁷ 야곱은 세겜이 자기 딸 디나를 욕보였다는 말을 들었으나, 아들들이 가축 떼와 함께 들에 나가 있었으므로 그들이 집으로 돌아올 때까지 아무 말도 하지 않았다. 세겜의 아버지 하몰이 결혼을 성사시키려고 야곱을 찾아왔다. 그 사이에 야곱의 아들들이 들에서 돌아와 무슨 일이 있었는지 들었다. 그들은 몹시 흥분해서, 분노를 억누르지 못했다. 세겜이 야곱의 딸을 욕보인 것은 이스라엘 안에서는 도저히 묵과할 수 없고 참을 수 없는 일이었다.

⁸⁻¹⁰ 하몰이 야곱과 그의 아들들에게 말했다. "내 아들 세겜이 당신 딸에게 빠져 있습니다. 그러니 따님을 내 아들의 아내로 주십시오. 우리 서로 사돈 관계를 맺읍시다. 여러분의 딸을 우리에게 주면, 우리도 우리의 딸을 여러분에게 주겠습니다. 우리 서로 어울려 한 가족처럼 지냅시다. 우리 가운

데 자리 잡고 편히 지내십시오. 우리와 함께 살면서 번성하기를 바랍니다."

¹¹⁻¹² 세겜이 디나의 아버지와 오라버니들에게 자기 생각을 말했다. "허락해 주십시오. 신부를 데려오는 값은 얼마든지 치르겠습니다. 당신들이 그 값을 정하십시오. 이 소녀를 내 아내로 주기만 하면, 바라는 값이 아무리 많다 해도 꼭 치르겠습니다."

¹³⁻¹⁷ 야곱의 아들들은 자신들의 누이를 욕보인 세겜과 그의 아버지에게 속임수를 써서 대답했다. 그들은 이렇게 말했다. "말도 안됩니다. 할례 받지 않은 남자에게 우리 누이를 줄 수 없습니다. 그렇게 하는 것은 우리에게 수치스러운 일입니다. 당신네 남자들이 모두 우리처럼 할례를 받는 조건이라면 한번 진지하게 이야기해 볼 수 있습니다. 그렇게 해 준다면, 우리가 기꺼이 당신네 딸들과 결혼하고 우리의 딸들을 당신들에게 시집보내며, 당신들 가운데서 편히 지내면서 당신들과 더불어 큰 민족을 이루어 행복하게 지내겠습니다. 그러나 당신들이 이 조건을 받아들이지 않으면, 우리는 우리 누이를 데리고 떠나겠습니다."

¹⁸ 하몰과 그의 아들 세겜이 생각하기에 그 조건은 꽤 타당해 보였다.

¹⁹ 야곱의 딸에게 빠져 있던, 젊은 세겜은 그들이 요구한 대로 했다. 그는 자기 아버지의 집안에서 가장 인정받는 아들이었다.

20-23 하몰과 그의 아들 세겜은 광장으로 가서 성읍 의회 앞에 말했다. "이 사람들은 우리를 좋아합니다. 그들은 우리의 친구입니다. 그러니 그들이 이 땅에 자리 잡고 편히 지내게 해줍시다. 우리 땅은 그들이 자리 잡고 살아도 될 만큼 넓습니다. 생각해 보십시오. 우리는 그들의 딸들과 결혼하고, 그들은 우리의 딸들과 결혼할 수 있게 될 것입니다. 하지만 이 사람들은 우리 성읍의 모든 남자가 자기들처럼 할례를 받아야만 우리의 청을 받아들이고, 우리와 함께 살면서 더불어 한 민족이 되겠다고 하는군요. 이것은 우리에게 크게 이득이 되는 거래입니다. 이 사람들은 엄청난 가축 떼를 소유하고 있는 대단한 부자들이니, 그 모든 것이 결국 우리 손에 들어오게 될 것입니다. 그러니 그들이 요구하는 대로 해주고, 그들이 우리 가운데 자리 잡고 살면서 우리와 어울리게 합시다."

24 성읍 주민 모두가 하몰과 그의 아들 세겜의 제안을 받아들여, 모든 남자가 할례를 받았다.

25-29 할례를 받고 사흘이 지난 뒤, 모든 남자가 아파하고 있을 때에 야곱의 두 아들 곧 디나의 오라버니인 시므온과 레위가 각자 칼을 들고, 자기들이 주인이기라도 한 것처럼 당당하게 성읍으로 들어가서 그곳 남자들을 모조리 살해했다. 그들은 또 하몰과 그의 아들 세겜을 죽이고, 세겜의 집에서 디나를 구출하여 그곳을 떠났다. 야곱의 다른 아들들은 살해 현장에 달려 들어가서, 디나를 욕보인 것에 대한 보복으

로 성읍 전체를 약탈했다. 그들은 양 떼, 소 떼, 나귀 떼뿐 아니라 성읍 안과 들에 있는 소유물까지 모조리 **빼앗았다.** 그런 다음 부녀자들과 아이들을 포로로 잡고, 그들의 집을 샅샅이 뒤져 값나가는 것은 무엇이든 약탈했다.

³⁰ 야곱이 시므온과 레위에게 말했다. "너희가 이 땅의 가나 안 사람과 브리스 사람 사이에서 내 이름을 몹시도 추하게 만들었구나. 저들이 힘을 합쳐 우리를 치면, 수가 적은 우리 는 살아남을 수가 없다. 저들이 나와 우리 가족을 다 죽이고 말 것이다."

³¹ 그들이 말했다. "누구든지 우리 누이를 창녀처럼 대하는 자를, 우리는 가만 둘 수 없습니다."

베델로 돌아가거라

35 ¹ 하나님께서 야곱에게 말씀하셨다. "베델로 돌 아가거라. 그곳에 머물면서, 네가 네 형 에서를 피해 달아나던 때에 네게 나타난 하나님께 제단을 쌓아라."

²⁻³ 야곱은 자기 가족과 자기와 함께한 모든 사람에게 말했 다. "여러분이 지니고 있는 이방 신들을 모두 내던져 버리 고, 몸을 깨끗이 씻고, 깨끗한 옷으로 갈아입으시오. 이제 우리는 베델로 갈 것이오. 그곳에서 내가 곤경에 처했을 때 내게 응답하시고, 내가 어디로 가든지 늘 나와 함께하신 하 나님께, 제단을 쌓을 것이오."

⁴⁻⁵ 그들은 자신들이 의지해 온 이방 신들과 행운의 부적 귀

걸이들을 모두 야곱에게 넘겨주었다. 야곱은 그것들을 세겜 근처 상수리나무 밑에 묻었다. 그러고 나서 그들은 길을 떠났다. 큰 두려움이 주변 성읍들에 임했다. 겁에 질린 그들은 아무도 야곱의 아들들을 추격하지 못했다.

6-7 야곱과 그의 일행은 가나안 땅 루스, 곧 베델에 이르렀다. 야곱은 그곳에 제단을 쌓고, 그곳의 이름을 엘베델(베델의 하나님)이라고 했다. 야곱이 자기 형을 피해 달아나던 때에 하나님께서 그곳에서 그에게 나타나셨기 때문이다.

8 그때 리브가의 유모 드보라가 죽어, 베델 바로 아래에 있는 상수리나무 밑에 묻혔다. 사람들이 그 나무를 알론바굿(눈물의 상수리나무)이라고 했다.

9-10 야곱이 밧단아람에서 돌아온 뒤에, 하나님께서 그에게 다시 나타나 복을 주시며 말씀하셨다. "네 이름이 야곱(발뒤꿈치)이지만, 그것은 더 이상 네 이름이 아니다. 이제부터 네 이름은 이스라엘(하나님과 씨름한 자)이다."

11-12 하나님께서 말씀하셨다.

나는 강한 하나님이다.
자녀를 낳고, 번성하여라!
한 민족, 곧 민족들의 무리가
네게서 나오고
왕들이 네 허리에서 나올 것이다.
이제 내가

아브라함과 이삭에게 준 땅을 네게 주고
네 후손에게도 줄 것이다.

13 그런 뒤에 하나님께서 야곱과 말씀을 나누시던 곳을 떠나
올라가셨다.

14-15 야곱은 하나님께서 자기와 말씀하시던 곳에 돌기둥을
세우고, 그 위에 부어 드리는 제물을 붓고, 또 그 위에 기름
을 부었다. 야곱은 하나님께서 자기와 말씀을 나누신 장소,
곧 베델(하나님의 집)을 하나님께 바쳤다.

16-17 그들은 베델을 떠났다. 에브랏까지는 아직 한참을 가야
하는데, 라헬이 진통을 시작했다. 진통이 몹시 심할 즈음에,
산파가 그녀에게 말했다. "두려워하지 마세요. 또 사내아이
를 낳았습니다."

18 죽어 가던 라헬은 마지막 숨을 거두면서 아이의 이름을
베노니(내 고통의 아들)라고 했다. 그러나 아이의 아버지는
아이의 이름을 베냐민(복된 아들)이라고 했다.

19-20 라헬이 죽어서 에브랏, 곧 베들레헴으로 가는 길가에
묻혔다. 야곱은 그곳에 묘비를 세워 그녀의 무덤을 표시했
다. 그 묘비는 오늘날까지 '라헬의 묘비'로 그곳에 있다.

21-22 이스라엘이 계속 진행하다가 믹달에델에 장막을 쳤다. 이스라엘이 그 지역에서 지내는 동안, 르우벤이 자기 아버지의 첩 빌하와 잠자리를 같이했다. 그가 한 일을 이스라엘이 전해 들었다.

⚜

22-26 야곱에게는 열두 아들이 있었다.

레아가 낳은 아들은,

야곱의 맏아들인 르우벤

시므온

레위

유다

잇사갈

스불론이다.

라헬이 낳은 아들은,

요셉

베냐민이다.

라헬의 몸종 빌하가 낳은 아들은,

단

납달리다.

레아의 몸종 실바가 낳은 아들은,

갓

아셀이다.

이들은 밧단아람에서 태어난, 야곱의 아들들이다.

²⁷⁻²⁹ 마침내 야곱이 기럇아르바의 마므레에 있는 자기 아버지 이삭의 집으로 돌아왔다. 오늘날 헤브론이라 불리는 그곳은 아브라함과 이삭이 살던 곳이다. 이삭은 이제 백여든 살이었다. 이삭은 늙고 나이가 들어서 마지막 숨을 거두었다. 아들 에서와 야곱이 그를 조상 곁에 묻었다.

에서의 족보

36

¹ 에돔이라고도 하는 에서의 족보는 이러하다.

²⁻³ 에서는 가나안 여인들과 결혼했다. 헷 사람 엘론의 딸 아다, 히위 사람 아나의 딸이며 시브온의 손녀딸인 오홀리바마, 이스마엘의 딸이며 느바욧의 누이인 바스맛을 아내로 맞았다.

⁴ 아다는 에서에게서 엘리바스를 낳았고,
바스맛은 르우엘을 낳았고,
⁵ 오홀리바마는 여우스와 얄람과 고라를 낳았다.
이들은 모두 에서가 가나안 땅에서 얻은 아들들이다.

⁶⁻⁸ 에서는 아내들과 아들딸들과 자기 집안의 모든 사람과 모든 가축—가나안에서 얻은 모든 짐승과 재산—을 거두어, 자기 아우 야곱에게서 상당히 떨어진 곳으로 옮겨 갔다.

한곳에서 같이 살기에는 형제의 재산이 너무 많고 땅도 부족해서, 그들의 가축 떼를 모두 먹여 살릴 수 없었기 때문이다. 에서는 세일 산지에 자리를 잡았다. (에서와 에돔은 같은 사람이다.)

9-10 세일 산지에 사는 에돔 사람의 조상 에서의 족보는 이러하다. 에서의 아들들의 이름은,

에서의 아내 아다가 낳은 아들 엘리바스

에서의 아내 바스맛이 낳은 아들 르우엘이다.

11-12 엘리바스의 아들들은 데만, 오말, 스보, 가담, 그나스다. (엘리바스에게는 딤나라는 첩이 있었는데, 그녀는 엘리바스의 아들 아말렉을 낳았다.) 이들은 모두 에서의 아내 아다의 손자들이다.

13 르우엘의 아들들은 나핫, 세라, 삼마, 미사다. 이들은 에서의 아내 바스맛의 손자들이다.

14 에서의 아내이며 시브온의 아들 아나의 딸인 오홀리바마의 아들들은 이러하다. 그녀는 에서에게서 여우스, 얄람, 고라를 낳았다.

15-16 에서의 족보에서 나온 족장들은 이러하다. 에서의 맏아들 엘리바스의 자손으로 족장이 된 이들은 데만, 오말, 스보, 그나스, 고라, 가담, 아말렉이다. 이들은 에돔 땅에 거주하는 엘리바스 자손의 족장들이며, 모두 아다의 자손이다.

17 에서의 아들 르우엘의 자손으로 족장이 된 이들은 나핫,

세라, 삼마, 미사다. 이들은 에돔 땅에 거주하는 르우엘 자
손의 족장들이며, 에서의 아내 바스맛의 자손이다.

18 에서의 아내 오홀리바마의 자손으로 족장이 된 이들은 여
우스, 얄람, 고라다. 이들은 모두 에서의 아내이자 아나의
딸인 오홀리바마에게서 태어난 족장들이다.

19 이들은 모두 에서 곧 에돔의 자손으로, 족장이 된 사람
들이다.

20-21 그 땅의 원주민인 호리 사람 세일의 족보는 이러하다.
로단, 소발, 시브온, 아나, 디손, 에셀, 디산. 이들은 에돔 땅
에 거주하는 세일의 자손으로, 호리 사람의 족장들이다.

22 로단의 아들들은 호리, 호맘이고, 로단의 누이는 딤나다.

23 소발의 아들들은 알완, 마나핫, 에발, 스보, 오남이다.

24 시브온의 아들들은 아야, 아나다. 아나는 자기 아버지 시
브온의 나귀를 치다가 광야에서 온천을 발견한 사람이다.

25 아나의 아들은 디손이고 딸은 오홀리바마다.

26 디손의 아들들은 헴단, 에스반, 이드란, 그란이다.

27 에셀의 아들들은 빌한, 사아완, 아간이다.

28 디산의 아들들은 우스, 아란이다.

29-30 호리 사람의 족장들은 로단, 소발, 시브온, 아나, 디손,
에셀, 디산이다. 이들은 종족별로 살펴본, 세일 땅에 거주하
는 호리 사람의 족장들이다.

31-39 이스라엘에 아직 왕이 없을 때에, 에돔 땅을 다스린 왕들은 이러하다. 브올의 아들 벨라가 에돔의 왕이었고, 그의 도성의 이름은 딘하바였다. 벨라가 죽자, 보스라 출신 세라의 아들 요밥이 그 뒤를 이어 왕이 되었다. 요밥이 죽자, 데만 사람의 땅에서 온 후산이 그 뒤를 이어 왕이 되었다. 후산이 죽자, 브닷의 아들 하닷이 그 뒤를 이어 왕이 되었다. 하닷은 미디안 사람을 모압 땅에서 물리친 왕이었다. 그의 도성의 이름은 아윗이었다. 하닷이 죽자, 마스레가 출신 삼라가 그 뒤를 이어 왕이 되었다. 삼라가 죽자, 강가의 르호봇 출신 사울이 왕이 되었다. 사울이 죽자, 악볼의 아들 바알하난이 그 뒤를 이어 왕이 되었다. 악볼의 아들 바알하난이 죽자, 하닷이 왕이 되었다. 그의 도성의 이름은 바우였다. 그의 아내 이름은 므헤다벨이었는데, 그녀는 마드렛의 딸이자 메사합의 손녀였다.

40-43 에서의 가계에서 나온 족장들을 종족과 거주지별로 살펴보면 이러하다. 딤나, 알와, 여뎻, 오홀리바마, 엘라, 비논, 그나스, 데만, 밉살, 막디엘, 이람. 이들은 모두 에돔의 족장들로, 각자 자기 지역을 차지하고 살았다.

이상은 에돔 사람의 조상인 에서의 족보를 나열한 것이다.

37

1 그 즈음에 야곱은 자기 아버지가 살던 가나안 땅에 정착했다.

요셉과 그의 형제들

² 야곱의 이야기는 이러하다. 그의 이야기는 요셉과 함께 계속된다. 당시 열일곱 살이던 요셉은 양 떼를 치는 형들을 돕고 있었다. 사실 그 형들은 모두 요셉의 이복형들로, 아버지의 아내인 빌하와 실바의 아들들이었다. 요셉은 형들에 대해 좋지 않은 이야기를 아버지에게 전했다.

³⁻⁴ 이스라엘은 늘그막에 얻은 아들 요셉을 다른 아들들보다 더 사랑했다. 그래서 그는 요셉에게 정교하게 수놓은 겉옷을 지어 입혔다. 그의 형들은 아버지가 자기들보다 요셉을 더 사랑하는 것을 알고는 그를 미워했다. 그들은 요셉에게 말조차 건네지 않았다.

⁵⁻⁷ 요셉이 꿈을 꾸었다. 그가 꿈 이야기를 형들에게 전하자, 형들이 그를 더 미워했다. 요셉이 말했다. "내가 꾼 꿈 이야기를 잘 들어 보세요. 우리가 모두 밖으로 나가 밭에서 밀짚 단을 모아들이는데, 갑자기 내 단이 일어나 우뚝 서고 형님들의 단들은 내 단 주위로 빙 둘러서서 내 단에 절을 하더군요."

⁸ 형들이 말했다. "그래서 어쨌다는 거냐! 네가 우리를 다스리기라도 하겠다는 거냐? 네가 우리의 우두머리가 되겠다는 거냐?" 요셉의 꿈 이야기와 그의 말투 때문에 형들은 그를 전보다 더욱 미워했다.

⁹ 요셉이 또 다른 꿈을 꾸고 이번에도 형들에게 말했다. "내가 또 다른 꿈을 꾸었습니다. 해와 달과 열한 별이 내게 절을 하더군요!"

¹⁰⁻¹¹ 그가 그 꿈 이야기를 아버지와 형들에게 전하자, 그의 아버지가 그를 꾸짖으며 말했다. "그 꿈 이야기가 다 무엇이냐? 나와 네 어머니와 네 형들이 다 네게 절하게 된다는 것이냐?" 이제 형들은 드러내 놓고 그를 시기했지만, 그의 아버지는 그 모든 일을 마음에 새겨 두었다.

¹²⁻¹³ 그의 형들이 세겜으로 가서 아버지의 양 떼에게 풀을 먹이고 있었다. 이스라엘이 요셉에게 말했다. "네 형들이 지금 양 떼와 함께 세겜에 있다. 네가 네 형들에게 좀 다녀와야겠다."

요셉이 말했다. "그렇게 하겠습니다."

¹⁴ 이스라엘이 그에게 말했다. "가서, 네 형들과 양 떼가 어떻게 하고 있는지 살펴보고, 돌아와서 내게 알려 다오." 그는 요셉을 헤브론 골짜기에서 세겜으로 떠나보냈다.

¹⁵ 요셉이 들판에서 헤매고 있는데, 어떤 사람이 다가와 물었다. "무엇을 찾고 있느냐?"

¹⁶ "제 형들을 찾고 있습니다. 그들이 어디서 양 떼에게 풀을 먹이고 있는지 아시는지요?"

¹⁷ 그 사람이 말했다. "그들은 여기를 떠났다. 내가 들으니, 그들이 '도단으로 가자'고 하더구나." 그래서 요셉은 길을 떠나 형들의 뒤를 따라가다가 도단에서 그들을 찾아냈다.

¹⁸⁻²⁰ 형들은 멀리서 요셉을 알아보았다. 그들은 그가 자신들에게 이르기 전에 그를 죽이기로 모의했다. 그들이 말했다. "꿈꾸는 자가 이리로 오는구나. 저 녀석을 죽여서 이 오래된

구덩이들 가운데 한 곳에 던져 넣고, 사나운 짐승이 잡아먹었다고 말하자. 녀석의 꿈이 어떻게 되는지 지켜보자구."

21-22 르우벤은 아우들이 하는 이야기를 듣고 요셉을 구할 생각으로 끼어들었다. "그를 죽이려 하다니 안될 일이야. 살인은 절대 안돼. 그 애를 이곳 광야에 있는 구덩이에 던져 버리기만 하고, 다치게는 하지 마라." 르우벤은 나중에 다시 와서 그를 끌어내어 아버지에게 데려갈 생각이었다.

23-24 요셉이 형들에게 이르자, 그들은 그가 입고 있던 화려한 겉옷을 벗기고, 그를 붙잡아 구덩이에 던져 넣었다. 그 구덩이는 바싹 말라서, 물 한 방울도 없었다.

25-27 그런 다음 그들은 앉아서 저녁을 먹었다. 그들이 눈을 들어 보니, 길르앗에서 오는 이스마엘 상인 한 떼가 보였다. 그들은 이집트에 가서 팔 향료와 향품과 향수를 여러 마리 낙타에 싣고 오는 길이었다. 유다가 말했다. "형제들아, 우리가 아우를 죽이고 그 흔적을 감춘다고 해서 얻는 게 무엇이냐? 그 아이를 죽이지 말고, 이스마엘 사람들에게 팔아넘기자. 따지고 보면, 그 아이도 우리의 형제, 우리의 혈육이다." 형제들이 그의 말에 동의했다.

28 그때에 미디안 상인들이 지나가고 있었다. 형들이 요셉을 구덩이에서 끌어내어 이스마엘 사람들에게 은화 스무 개를 받고 팔아넘겼다. 이스마엘 사람들은 요셉을 데리고 이집트로 내려갔다.

29-30 나중에 르우벤이 돌아와 구덩이로 가서 보니, 요셉이

거기에 없었다! 그는 비통한 마음에 자기 옷을 찢었다. 그가 어찌할 바를 몰라 하며 형제들에게 가서 말했다. "아이가 사라지고 없다! 이제 어찌해야 하나!"

31-32 그들이 요셉의 겉옷을 가져다가, 염소 한 마리를 죽인 다음 그 피에 옷을 담갔다. 그들은 그 겉옷을 아버지에게 가지고 가서 말했다. "저희가 이것을 발견했습니다. 살펴보십시오. 아버지 아들의 겉옷이 맞나요?"

33 야곱은 곧바로 그 겉옷을 알아보았다. "내 아들의 옷이다. 사나운 짐승이 그 아이를 잡아먹었구나. 요셉이 갈기갈기 찢겨 죽었구나!"

34-35 야곱은 슬픔에 잠겨 자기 옷을 찢고서, 거칠고 굵은 베옷을 입고, 아들의 죽음을 오래도록 슬퍼했다. 자녀들이 위로하려고 했으나, 그는 그들의 위로를 마다했다. "나는 내 아들의 죽음을 슬퍼하면서 무덤으로 가련다." 아버지는 요셉을 생각하며 하염없이 눈물을 흘렸다.

36 미디안 상인들이 이집트에서 요셉을 보디발에게 팔아넘겼다. 보디발은 바로의 신하로, 바로의 왕실 일을 맡아보는 사람이었다.

유다와 다말

38 1-5 그 무렵, 유다는 형제들로부터 떨어져 나와 히라라고 하는 아둘람 사람과 함께 지내고 있었다. 그곳에 있는 동안 유다는 가나안 사람 수아의 딸을 만났

다. 유다가 그녀와 결혼하여 잠자리를 같이하니, 그녀가 임
신하여 아들을 낳고 아이의 이름을 엘이라고 했다. 그녀가
다시 임신하여 아들을 낳고 아이의 이름을 오난이라고 했
다. 그녀가 또다시 아들을 낳고 아이의 이름을 셀라라고 했
다. 셀라를 낳았을 때 그들 부부는 거십에 살고 있었다.

6-7 유다가 맏아들 엘에게 아내를 얻어 주었다. 그녀의 이름
은 다말이었다. 그러나 유다의 맏아들 엘이 **하나님**께 심히
악한 죄를 지어, **하나님**께서 그의 목숨을 거두어 가셨다.

8-10 유다가 오난에게 말했다. "가서 남편을 잃은 네 형수와
잠자리를 같이하도록 하여라. 네 형의 혈통이 끊어지지 않
게 하는 것이 동생인 네가 해야 할 도리다." 하지만 오난은
아이를 낳아도 자기 아이가 되지 못할 것을 알고, 형수와 잠
자리를 같이할 때마다 형의 아이를 낳지 않으려고 정액을
바닥에 쏟았다. 그가 한 짓은 **하나님**을 크게 거스르는 일이
었다. **하나님**께서 그의 목숨도 거두어 가셨다.

11 그러자 유다는 며느리 다말을 찾아가서 말했다. "내 아
들 셀라가 다 자랄 때까지 네 아버지 집에서 과부로 지내고
있거라." 그는 셀라마저 형들처럼 죽게 될까 걱정했던 것이
다. 그리하여 다말은 자기 아버지 집으로 가서 살았다.

12 시간이 흘러 유다의 아내, 곧 수아의 딸이 죽었다. 애도
기간이 끝나자, 유다는 아둘람 사람인 친구 히라와 함께 양
떼의 털을 깎으러 딤나로 갔다.

13-14 다말은 "네 시아버지가 양 떼의 털을 깎으러 딤나로 갔

다"는 소식을 전해 들었다. 그녀는 과부의 옷을 벗고, 너울로 얼굴을 가려 남이 알아보지 못하게 한 다음, 딤나로 가는 길에 있는 에나임 입구에 앉아 있었다. 그녀는 셀라가 다 자랐는데도 유다가 자기를 그와 결혼시키려 하지 않는다는 것을 알고 있었다.

¹⁵ 유다는 너울로 얼굴을 가리고 있는 그녀를 보고는 창녀라고 생각했다. 그는 길가에 있는 그녀에게 다가가 말했다. "오늘 밤 함께 보내자." 유다는 그녀가 자기 며느리인 줄을 전혀 알지 못했다.

¹⁶ 그녀가 말했다. "그 값으로 내게 무엇을 주겠습니까?"

¹⁷ 유다가 말했다. "내 가축 떼에서 새끼 염소 한 마리를 보내겠다."

그녀가 말했다. "그것을 보낼 때까지 내게 담보물을 맡기면 그렇게 하겠습니다."

¹⁸ "담보물로 원하는 게 뭐냐?"

그녀가 대답했다. "어르신이 갖고 있는 줄 달린 도장과 지팡이를 주십시오."

유다는 그것들을 다말에게 건네고 잠자리를 같이했다. 그녀가 임신하게 되었다.

¹⁹ 그녀는 그곳을 떠나 집으로 돌아가서, 너울을 벗고 과부의 옷을 다시 입었다.

²⁰⁻²¹ 유다는 친구인 아둘람 사람 편에 새끼 염소를 보내며 그 여자에게서 담보물을 찾아오게 했다. 그러나 그 친구는

그녀를 찾지 못했다. 그래서 그곳 사람들에게 물었다. "이곳 에나임 근처 길가에 앉아 있던 창녀는 어디로 갔습니까?" 그들이 말했다. "여기에는 창녀가 없답니다."

²² 그가 유다에게로 돌아와서 말했다. "그 여자를 찾을 수 없었네. 그곳 사람들이, 거기에는 창녀가 없다고 하더군."

²³ 유다가 말했다. "담보물을 가질 테면 가지라지. 우리가 계속 찾아다니면, 다들 우리를 보고 손가락질할 것이네. 나는 이 거래에서 내 도리를 다했네. 내가 새끼 염소를 보냈지만 자네가 그녀를 찾지 못한 것뿐이네."

²⁴ 세 달쯤 지난 뒤에, 유다의 귀에 한 소식이 들려왔다. "자네 며느리가 창녀 짓을 하고 있네. 게다가 이제는 임신까지 했다는군."

유다가 고함을 질렀다. "그 애를 이곳으로 끌어내어 불태워 버려라!"

²⁵ 사람들이 다말을 끌어내려고 하자, 그녀가 시아버지에게 전갈을 보냈다. "저는 이 물건의 주인 때문에 임신하게 되었습니다. 이 물건을 확인해 보십시오. 이 줄 달린 도장과 지팡이가 누구의 것입니까?"

²⁶ 유다는 그것이 자기 것임을 알아보고 말했다. "그 애가 옳고, 내가 잘못했다. 내가 그 애를 내 아들 셀라와 결혼시키려 하지 않았기 때문이다." 유다는 다시는 그녀와 잠자리를 같이하지 않았다.

²⁷⁻³⁰ 다말이 출산할 때가 되었는데, 그녀의 태 속에 쌍둥이

가 있었다. 아이를 낳을 때, 한 아이의 손이 나왔다. 산파가 그 손에 붉은 실을 묶고 말했다. "이 아이가 먼저 나온 아이다." 그러나 바로 그때, 그 아이의 손이 도로 들어가더니 그의 동생이 나왔다. 산파가 말했다. "동생이 밀치고 나왔구나!" 그래서 아이의 이름을 베레스(돌파)라고 했다. 곧이어 그 아이의 형이 손에 붉은 실을 감고 나오니, 아이의 이름을 세라(빛나다)라고 했다.

이집트로 팔려 간 요셉

39

¹ 이스마엘 사람들이 요셉을 이집트로 끌고 가자, 바로의 신하로 왕실 일을 도맡아 관리하고 있던 이집트 사람 보디발이 그들에게서 요셉을 샀다.

²⁻⁶ **하나님**께서 요셉과 함께하셨으므로, 그가 하는 일이 다 잘 되었다. 그는 자기 주인인 이집트 사람의 집에서 지내게 되었다. 그의 주인은 **하나님**께서 요셉과 함께하시면서, 요셉이 하는 일마다 잘 되게 해주시는 것을 알았다. 그는 요셉이 몹시 마음에 들어 그에게 자신의 시중을 들게 했다. 그는 자신의 개인적인 일들을 요셉에게 맡기고, 모든 재산을 관리하게 했다. 그때부터 **하나님**께서 요셉으로 인해 그 이집트 사람의 집에 복을 주셨다. 그의 집에 있는 것이든 밭에 있는 것이든, 그가 소유한 모든 것에 **하나님**의 복이 두루 미쳤다. 보디발은 하루 세 끼 밥 먹는 일만 신경 쓰면 되었다.

⁶⁻⁷ 요셉은 용모가 준수하고 잘생긴 남자였다. 시간이 흐르

면서 주인의 아내가 요셉에게 반해, 어느 날 이렇게 말했다. "나와 함께 침실로 가자."

8-9 요셉은 그렇게 하지 않았다. 그는 주인의 아내에게 말했다. "보십시오. 주인께서는 모든 소유를 제게 맡기시고 집안일에 대해서는 일절 신경 쓰지 않으십니다. 그분은 저를 동등한 사람으로 대해 주셨습니다. 다만 그분께서 제게 맡기지 않으신 것이 있는데, 바로 당신입니다. 당신은 주인님의 아내이기 때문입니다! 그런데 제가 어떻게 그분의 신뢰를 저버리고 하나님께 죄를 짓겠습니까?"

10 그녀가 하루도 빠지지 않고 날마다 졸라 댔지만, 요셉은 뜻을 굽히지 않았다. 그녀와 같이 자기를 거절한 것이다.

11-15 그러던 어느 날, 요셉이 일을 보러 집으로 들어갔는데, 그날따라 집 안에 종들이 아무도 없었다. 그녀가 그의 겉옷을 붙잡고 말했다. "나와 함께 침실로 가자!" 요셉은 그녀의 손에 겉옷을 버려두고 집 밖으로 뛰쳐나갔다. 그녀는 그가 겉옷을 자기 손에 버려두고 뛰쳐나간 것을 알고는, 종들을 불러 말했다. "이것 좀 봐라, 저 히브리 놈이 본색을 드러내서, 너희 모르게 나를 유혹하려 하는구나. 저 놈이 나를 욕보이려 해서 내가 크게 소리를 질렀더니, 내 고함과 비명 소리를 듣고는 이렇게 겉옷을 내 손에 버려두고 밖으로 도망쳤다."

16-18 그녀는 자기 주인이 집에 돌아올 때까지 요셉의 겉옷을 가지고 있다가, 그에게 같은 이야기를 들려주었다. "당신이 데려온 히브리 놈이 내 뒤를 쫓아와서, 나를 희롱하려고 하

지 뭐예요. 내가 소리치고 비명을 질렀더니, 이렇게 자기 겉
옷을 내 손에 버려두고 밖으로 도망쳤답니다."

¹⁹⁻²³ 요셉의 주인은 "이게 다 당신의 종이 벌인 일이예요"라
고 하는 아내의 이야기에 격분했다. 그는 요셉을 붙잡아 왕
의 죄수들을 가두는 감옥에 처넣었다. 그러나 **하나님**께서는
그곳 감옥에서도 여전히 요셉과 함께하셨고, 요셉에게 인자
를 베푸셔서 간수장과 가까운 사이가 되게 하셨다. 간수장
은 요셉에게 모든 죄수를 맡겼고, 요셉은 모든 일을 잘 처리
했다. 간수장은 요셉에게 자유를 주고, 전혀 간섭하지 않았
다. **하나님**께서 요셉과 함께하시면서, 그가 하는 일마다 최
선의 결과를 낳게 해주셨기 때문이다.

관리들의 꿈을 해석하다

40 ¹⁻⁴ 시간이 흘러, 이집트 왕의 술잔을 맡은 관리
와 빵을 맡은 관리가 자신들의 주인인 이집트
왕의 뜻을 거스르는 일이 있었다. 바로는 두 관리, 곧 술잔
을 맡은 관리와 빵을 맡은 관리에게 크게 노하여, 그들을 감
옥에 가두고 경호대장의 감시를 받게 했다. 그들이 갇힌 곳
은 요셉이 갇힌 곳과 같은 감옥이었다. 경호대장은 요셉에
게 그들의 시중을 들도록 지시했다.

⁴⁻⁷ 감옥에 갇힌 지 얼마 뒤에, 술잔을 맡은 관리와 빵을 맡
은 관리가 같은 날 밤에 꿈을 꾸었는데, 각자의 꿈이 저마다
의미를 가지고 있었다. 요셉이 아침에 그들에게 가 보니, 둘

다 기운이 없어 보였다. 그래서 그는 자신과 함께 갇혀 있는 바로의 두 관리에게 물었다. "무슨 일입니까? 어째서 얼굴에 수심이 가득합니까?"

8 그들이 말했다. "우리가 각자 꿈을 꾸었는데, 그 꿈을 해석해 줄 사람이 없어서 그러네."

요셉이 말했다. "꿈의 해석은 하나님께로부터 오는 것이 아닙니까? 어떤 꿈을 꾸었는지 이야기해 보십시오."

9-11 술잔을 맡은 관리가 먼저 요셉에게 자기 꿈을 이야기했다. "꿈에 보니 내 앞에 포도나무가 있는데, 가지가 세 개 달려 있더군. 싹이 나고 꽃이 피더니 포도송이들이 익는 거야. 나는 바로의 술잔을 가지고 있었는데, 그 포도송이들을 따서 바로의 술잔에 짜 넣고는 그 잔을 바로께 올려 드렸네."

12-15 요셉이 말했다. "그 뜻은 이렇습니다. 가지 셋은 사흘을 뜻합니다. 사흘 안에 바로께서 당신을 이곳에서 꺼내어 복직시키실 것입니다. 당신은 술잔을 맡은 관리였을 때와 똑같이 바로께 술잔을 올려 드리게 될 것입니다. 당신의 일이 잘 되면 저를 기억해 주십시오. 바로께 제 사정을 아뢰어 주셔서 저를 이곳에서 꺼내 주십시오. 저는 히브리 사람의 땅에서 납치되어 왔습니다. 그리고 저는 여기서도 이 감옥에 갇힐 만한 일을 한 적이 없습니다."

16-17 요셉의 꿈 해석이 좋은 것을 보고, 빵을 맡은 관리도 그에게 말했다. "내 꿈은 이러하네. 버들가지를 엮어 만든 바구니 세 개가 내 머리 위에 있었네. 맨 위 바구니에는 갓 구

운 온갖 **빵**들이 있었는데, 새들이 내 머리 위의 바구니에서 그것을 쪼아 먹고 있었네."

18-19 요셉이 말했다. "그 꿈의 해석은 이렇습니다. 바구니 셋은 사흘을 뜻합니다. 사흘 안에 바로께서 당신의 머리를 베고 당신의 몸을 기둥에 매달 텐데, 그러면 새들이 와서 당신의 **뼈**가 드러날 때까지 모조리 쪼아 먹을 것입니다."

20-22 사흘째 되는 날, 그날은 바로의 생일이었다. 바로는 모든 신하를 위해 잔치를 베풀고, 술잔을 맡은 관리와 빵을 맡은 관리를 모든 신하가 볼 수 있도록 영광의 자리에 나란히 세웠다. 그런 다음 술잔을 맡은 관리를 본래의 직위에 복직시켰다. 그 관리는 전과 똑같이 바로에게 술잔을 따라 올렸다. 하지만 빵을 맡은 관리는 요셉이 해석한 대로 기둥에 매달게 했다.

23 그러나 술잔을 맡은 관리는 요셉에게 신경 쓰지 않았다. 요셉의 처지를 까맣게 잊고 만 것이다.

바로의 꿈을 해석하다

41

1-4 그로부터 두 해가 지난 뒤에 바로가 꿈을 꾸었다. 꿈에 그는 나일 강가에 서 있었다. 튼튼해 보이는 암소 일곱 마리가 나일 강에서 올라와 습지에서 풀을 뜯고 있었다. 뒤이어 가죽만 남은 암소 일곱 마리가 강에서 올라와, 강가에 있는 암소들 곁에 섰다. 그러더니 바싹 마른 암소들이 튼튼한 암소 일곱 마리를 잡아먹는 것이었

다. 그때 바로가 잠에서 깨어났다.

5-7 바로가 다시 잠이 들어 두 번째 꿈을 꾸었다. 줄기 하나에서 튼실하고 잘 여문 이삭 일곱이 자라났다. 곧이어 이삭 일곱이 더 자라났는데, 이번에는 야위고 동풍에 바싹 마른 것들이었다. 그 야윈 이삭들이 튼실하고 잘 여문 이삭들을 삼켜 버렸다. 바로가 잠에서 깨어 보니 또 다른 꿈이었다.

8 아침이 되자, 바로는 마음이 뒤숭숭했다. 그는 사람을 보내어 이집트의 마술사와 현자들을 모두 불러들였다. 바로가 그들에게 자신이 꾼 꿈을 이야기했으나, 그들은 그 꿈을 바로에게 해석해 주지 못했다.

9-13 그때 술잔을 맡은 관리가 용기를 내어 바로에게 말했다. "제가 오래전에 경험한 일을 미리 말씀드렸어야 했는데, 이제야 생각났습니다. 전에 왕께서 종들에게 노하셔서 저와 빵을 맡은 관리를 경호대장의 집에 가두신 적이 있습니다. 그때 저희 두 사람이 같은 날 밤에 꿈을 꾸었는데, 각자 꾼 꿈이 저마다 의미가 있었습니다. 마침 그곳에 경호대장의 소유였던 젊은 히브리 종 하나가 저희와 함께 있었습니다. 저희가 꾼 꿈을 그에게 이야기했더니, 그가 저희 꿈을 각기 다르게 해석해 주었습니다. 그리고 모든 일이 그가 해석한 대로 되어서, 저는 복직되고 빵을 맡은 관리는 기둥에 매달렸습니다."

14 바로가 즉시 사람을 보내어 요셉을 불러오게 했다. 사람들이 서둘러 그를 감옥에서 끌어냈다. 요셉은 머리털을 깎고 깨끗한 옷을 입고서 바로 앞으로 나아갔다.

15 바로가 요셉에게 말했다. "내가 꿈을 꾸었는데, 아무도 그것을 해석해 주는 사람이 없다. 그런데 너는 꿈 이야기를 듣기만 하면 해석해 낸다고 하더구나."

16 요셉이 대답했다. "제가 아니라, 하나님께서 하시는 것입니다. 하나님께서 왕의 마음을 편하게 해주실 것입니다."

17-21 그러자 바로가 요셉에게 말했다. "꿈에 내가 나일 강가에 서 있었다. 튼튼해 보이는 암소 일곱 마리가 강에서 올라와 습지에서 풀을 뜯고 있었다. 뒤이어 가죽만 남은 암소 일곱 마리가 올라왔는데, 그처럼 흉한 소는 일찍이 이집트에서 본 적이 없었다. 그런데 가죽만 남아 보기 흉한 암소 일곱 마리가, 먼저 올라온 튼튼한 암소 일곱 마리를 잡아먹었다. 그러나 그렇게 잡아먹고도 전과 같이 뼈와 가죽만 남아 보기 흉한 모습이었다. 다른 소를 잡아먹었다고는 짐작할 수 없을 정도였다. 그러고는 잠에서 깨어났다.

22-24 두 번째 꿈에 보니, 줄기 하나에서 튼실하고 잘 여문 이삭 일곱이 자라나고, 뒤이어 쭈글쭈글하고 야위고 동풍에 바싹 마른 이삭 일곱이 자라났다. 그러더니 그 야윈 이삭들이 알찬 이삭들을 삼켜 버렸다. 내가 이 모든 꿈을 마술사들에게 이야기했지만, 그들은 그 뜻을 해석하지 못했다."

25-27 요셉이 바로에게 말했다. "왕의 두 꿈은 모두 같은 것을 의미합니다. 하나님께서 친히 하시려는 일을 왕께 알려 주신 것입니다. 튼튼한 암소 일곱 마리는 일곱 해를 뜻하고, 튼실한 이삭 일곱도 일곱 해를 뜻합니다. 그 둘은 같은 꿈입

니다. 뒤이어 올라온 병들고 흉한 암소 일곱 마리도 일곱 해를 뜻하고, 야위고 동풍에 바짝 마른 이삭 일곱도 마찬가지입니다. 그것들은 모두 칠 년 흉년을 의미합니다.

28-32 그 의미는 앞서 말씀드린 것과 같이, 하나님께서 친히 하시려는 일을 왕께 알려 주신 것입니다. 앞으로 일곱 해 동안은 이집트 전역에 큰 풍년이 들 것입니다. 그러나 그 뒤에 이어지는 일곱 해 동안은 흉년이 닥쳐 이집트 전역에 들었던 풍년의 흔적을 말끔히 지워 버릴 것입니다. 그 흉년으로 인해 나라가 텅 비고, 전에 들었던 큰 풍년의 흔적조차 사라지고 말 것입니다. 기근이 온 나라를 휩쓸 것입니다. 왕께서 같은 꿈을 두 번이나 꾸신 것은 하나님께서 이 일을 행하시기로, 그것도 속히 행하시기로 결정하셨다는 뜻입니다.

33-36 그러니 왕께서는 지혜롭고 경험 많은 사람을 찾으셔서, 그에게 나라를 맡겨 관리하게 하시는 것이 좋겠습니다. 그런 다음 감독관들을 임명하셔서, 풍년이 드는 일곱 해 동안 이집트 전역을 감독하게 하십시오. 그들에게 앞으로 풍년이 드는 동안 생산되는 온갖 식량을 거둬들여 왕의 권한으로 곡식을 비축하게 하고, 각 성읍에 보관하여 장차 식량으로 삼게 하십시오. 이 곡식을 저장해 두셔야, 앞으로 이집트에 닥칠 칠 년 흉년 동안 활용하실 수 있을 것입니다. 그렇게 해야 이 나라가 흉년으로 망하지 않을 것입니다."

37 바로와 그의 신하들이 이 제안을 좋게 여겼다.

38 바로가 신하들에게 말했다. "이 사람이야말로 우리에게

필요한 사람이 아니겠소? 이 사람처럼 그 안에 하나님의 영이 있는 사람을 어디서 찾을 수 있겠소?"

³⁹⁻⁴⁰ 바로가 요셉에게 말했다. "그대야말로 우리가 찾는 사람이오. 하나님께서 그대에게 앞으로 일어날 일의 내막을 알려 주셨으니, 그대처럼 자격을 갖춘 사람, 그대처럼 경험 많고 지혜로운 사람도 없을 것이오. 이제부터 그대가 내 일을 맡아 보시오. 나의 모든 백성이 그대에게 보고할 것이오. 내가 그대보다 높은 게 있다면 왕이라는 사실뿐이오."

⁴¹⁻⁴³ 바로가 요셉을 임명하면서 말했다. "이집트 온 땅을 그대 손에 맡기겠소." 그런 다음 바로는 자신의 손가락에서 인장 반지를 빼내어 요셉의 손가락에 끼워 주었다. 바로는 요셉에게 가장 좋은 세마포옷을 입히고, 목에 금목걸이를 걸어 주었다. 그리고 왕의 전차에 버금가는 전차를 내주어 요셉이 마음대로 쓰게 했다. 요셉이 전차에 올라타자, 사람들이 "만세!" 하고 외쳤다.

요셉이 이집트 온 땅을 맡아 다스렸다.

⁴⁴ 바로가 요셉에게 말했다. "내가 왕이지만, 그대의 허락 없이는 이집트에서 어느 누구도 손가락 하나 움직이지 못할 것이오."

⁴⁵ 바로는 요셉에게 사브낫바네아(하나님께서 말씀하시며 그분은 살아 계시다)라는 이름을 지어 주고, 온(헬리오폴리스)의 제사장 보디베라의 딸 아스낫을 그에게 아내로 주었다.

요셉은 자신의 임무에 따라 이집트 온 땅을 둘러보았다.

⁴⁶ 요셉이 이집트 왕 바로를 위해 일하기 시작할 때에 그의 나이 서른 살이었다. 요셉은 바로 앞에서 물러나오자마자, 이집트에서 일을 시작했다.

❦

⁴⁷⁻⁴⁹ 풍년이 든 일곱 해 동안 그 땅은 풍성한 곡식을 냈다. 요셉은 이집트에 찾아온 일곱 해 풍년 동안 생산된 식량을 거두어들여 여러 도시에 비축했다. 각 도시마다 주변 밭에서 거두어들인 잉여 농산물을 저장하게 했다. 요셉이 얼마나 많은 곡식을 거두어들였던지, 바다의 모래처럼 많았다! 나중에는 그 수를 헤아리는 것조차 포기해야 할 정도였다.

⁵⁰⁻⁵² 요셉은 일곱 해 흉년이 닥치기 전에 온의 제사장 보디베라의 딸 아스낫에게서 두 아들을 보았다. 요셉은 "하나님께서 나의 모든 고난과 내 아버지의 집을 잊게 해주셨다"고 말하며, 맏아들의 이름을 므낫세(잊다)라고 했다. 또 "하나님께서 내 슬픔의 땅에서 나를 번성하게 해주셨다"고 말하면서, 둘째 아들의 이름을 에브라임(갑절의 번성)이라고 했다.

⁵³⁻⁵⁴ 일곱 해 풍년이 끝나고, 요셉이 말한 대로 일곱 해 흉년이 찾아왔다. 모든 나라가 기근을 겪었으나, 식량이 있는 나라는 이집트뿐이었다.

⁵⁵ 기근이 이집트 전역으로 확산되자, 괴로움에 빠진 백성이 바로에게 먹을 것을 달라고 부르짖었다. 바로는 이집트 사람들에게 이렇게 말했다. "요셉에게 가서, 그가 일러 주는

대로 하여라."

⁵⁶⁻⁵⁷ 기근이 더욱 심해져 이집트 온 땅을 덮자, 요셉은 곡식 창고를 열어 비축해 두었던 식량을 이집트 사람들에게 팔았다. 기근이 극심했다. 이윽고 온 세상이 요셉에게서 식량을 사려고 모여들었다. 기근이 온 세상을 덮쳤던 것이다.

요셉의 형들이 식량을 구하러 이집트로 가다

42

¹⁻² 야곱이 이집트에 식량이 있다는 소문을 듣고, 아들들에게 말했다. "어째서 잠자코 앉아서 서로 얼굴만 쳐다보고 있느냐? 이집트에 식량이 있다고 하니, 그리로 내려가서 식량을 좀 사 오너라. 그래야 우리가 굶어 죽지 않고 살지 않겠느냐."

³⁻⁵ 요셉의 형 열 명이 식량을 구하러 이집트로 내려갔다. 야곱은 요셉의 아우 베냐민을 그들과 함께 보내지 않았다. 그에게 무슨 일이 일어날까 봐 두려웠기 때문이다. 가나안 땅에도 기근이 심하게 들었으므로, 이스라엘의 아들들은 식량을 사러 가는 다른 사람들과 함께 이집트로 갔다.

⁶⁻⁷ 그때 요셉은 이집트 온 땅을 다스리고 있었다. 그는 온 백성에게 식량을 나눠주는 일을 책임지고 있었다. 요셉의 형들이 도착하여 그에게 절하며 경의를 표했다. 요셉은 곧바로 그들을 알아보았으나, 마치 모르는 사람을 대하듯 엄하게 말했다.

요셉이 물었다. "너희는 어디에서 왔느냐?"

그들이 대답했다. "가나안에서 왔습니다. 저희는 식량을 사려고 왔습니다."

8 요셉은 그들을 알아보았으나, 그들은 그를 알아보지 못했다.

9 요셉은 그들에 관해 꾸었던 꿈을 떠올리며 말했다. "너희는 정탐꾼들이다. 너희는 우리의 약점을 살피러 온 것이다."

10-11 그들이 말했다. "아닙니다, 주인님. 저희는 식량을 사러 왔을 뿐입니다. 저희는 모두 한 남자의 아들들입니다. 저희는 정직한 사람들입니다. 정탐이라니, 당치도 않습니다."

12 요셉이 말했다. "아니다. 너희는 정탐꾼들이다. 너희는 우리의 약점을 찾으러 온 게 틀림없다."

13 그들이 말했다. "저희 형제는 모두 열둘이며, 가나안 땅에 사는 한 아버지의 아들들입니다. 막내는 아버지와 함께 있고, 하나는 없어졌습니다."

14-16 그러나 요셉이 말했다. "내가 말한 대로, 너희는 정탐꾼들이다. 내가 너희를 시험해 보겠다. 바로의 살아 계심을 두고 맹세하건대, 너희 아우를 이곳으로 데려오기 전에는 너희가 이곳을 떠나지 못할 것이다. 너희 가운데 한 사람이 가서 너희 아우를 데려오고, 나머지는 이곳 감옥에 남아 있거라. 너희 말이 사실인지 아닌지 확인해야겠다. 바로의 살아 계심을 두고 말하건대, 너희는 정탐꾼들인 게 틀림없다."

17 그러고 나서 요셉은 그들을 감옥에 집어넣고 사흘을 지내게 했다.

18-20 사흘째 되는 날, 요셉이 그들에게 말했다. "너희가 살고

싶다면 이렇게 하여라. 나는 하나님을 경외하는 사람이다.
너희 말대로 너희가 정직하다면, 너희 형제 가운데 한 사람
만 이곳 감옥에 남고, 나머지는 식량을 가지고 굶주리는 너
희 가족들에게 돌아가거라. 그러나 너희는 너희 막내아우를
내게 데려와서, 너희 말이 진실임을 증명해야 한다. 그래야
너희 가운데 한 사람도 죽지 않을 것이다." 그들은 그렇게
하기로 했다.

²¹ 그들이 서로 말하기 시작했다. "지금 우리는 우리 아우에
게 한 짓의 죗값을 치르고 있는 거야. 우리 아우가 살려 달
라고 할 때, 그 애가 얼마나 두려워했는지 우리가 똑똑히 보
았잖아. 그런데도 우리는 그 애의 말을 들은 체도 하지 않았
어. 그래서 이렇게 곤경에 처하게 된 거야."

²² 르우벤이 한마디 했다. "내가 너희에게 '그 애를 다치게 하
지 말라'고 하지 않았더냐? 그런데도 너희는 내 말을 듣지 않
았어. 지금 우리는 그 애를 죽인 죗값을 치르고 있는 거야."

²³⁻²⁴ 요셉이 통역을 쓰고 있었으므로, 그들은 요셉이 모든
말을 알아듣는 줄 알지 못했다. 요셉은 그들이 보지 못하
는 곳으로 물러나와 울었다. 그는 마음이 진정되자, 그들
이 지켜보는 앞에서 시므온을 붙잡아 묶고 죄수로 삼았다.

²⁵ 그런 다음 요셉은 지시를 내려, 그들의 자루에 곡식을 채
우고 가져온 돈을 각자의 자루에 도로 넣게 했고, 또 그들이
돌아가는 길에 먹을 양식을 주게 했다. 요셉이 지시한 대로
되었다.

²⁶ 그들은 식량을 나귀에 싣고 출발했다.

²⁷⁻²⁸ 잠잘 곳에 이르러, 그들 가운데 하나가 나귀에게 먹이를 주려고 자루를 열어 보니, 자루 안에 돈이 있었다. 그가 형제들을 불러 말했다. "내 돈이 되돌아왔어. 여기 내 자루 속에 돈이 들어 있다!" 다들 그것을 보고는 놀라서 두려워했다. "하나님께서 우리를 어떻게 하시려는 거지?"

²⁹⁻³² 그들은 가나안 땅에 있는 아버지 야곱에게 돌아가서, 그동안 있었던 일을 낱낱이 말했다. "그 나라를 다스리는 사람이 우리에게 엄히 말하면서, 우리를 정탐꾼들이라고 몰아세웠습니다. 우리는 이렇게 말했습니다. '저희는 정직한 사람들이지 결코 정탐꾼들이 아닙니다. 저희는 열두 형제이고, 모두가 한 아버지의 아들들입니다. 하나는 사라졌고, 막내는 아버지와 함께 가나안 땅에 있습니다.'

³³⁻³⁴ 그랬더니 그 나라의 주인이 이렇게 말했습니다. '너희 형제들 가운데 한 사람은 내 곁에 남겨 두고, 너희는 굶주린 가족을 위해 식량을 가지고 가거라. 너희 막내아우를 내게 데려와서, 너희가 정탐꾼들이 아니라 정직한 사람들이라는 것을 증명해 보여라. 그러면 나는 너희 형제를 풀어 주고, 너희는 이 나라에 마음대로 오가게 될 것이다.'"

³⁵ 그들이 식량 자루를 비우는데, 자루에서 각 사람의 돈 주머니가 나왔다. 그들과 그들의 아버지는 그 돈을 보고서 근심에 사로잡혔다.

³⁶ 그들의 아버지가 말했다. "너희는 내가 얻은 모든 것을 빼

앗아 가는구나! 요셉도 없어지고, 시므온도 없어졌는데, 이
제는 베냐민마저 빼앗아 가려고 하는구나. 너희 말대로 하
면, 내게 무엇이 남겠느냐."

37 르우벤이 목소리를 높여 말했다. "제 두 아들의 목숨을 아
버지의 손에 맡기겠습니다. 제가 베냐민을 데려오지 않으면,
아버지께서 그 아이들을 죽이셔도 좋습니다. 베냐민을 제게
맡겨 주십시오. 제가 반드시 그 아이를 데려오겠습니다."

38 그러나 야곱은 거절했다. "내 아들을 너희와 함께 내려보낼
수는 없다. 그 아이의 형은 죽었고, 내게 남은 것은 이제 그
아이뿐이다. 길에서 그 아이에게 무슨 일이라도 생기면, 너희
는 백발이 성성한 채 슬퍼하는 나를 땅에 묻어야 할 것이다."

베냐민을 데리고 다시 이집트로 가다

43

1-2 기근이 더욱 심해졌다. 이집트에서 가져온
식량이 다 떨어지자, 그들의 아버지가 말했다.
"다시 가서 식량을 조금 더 구해 오너라."

3-5 유다가 말했다. "그 사람이 우리에게 엄히 경고하면서 말
하기를, '너희 아우를 데려오지 않으면, 너희는 내 얼굴을
볼 수 없을 것이다'라고 했습니다. 아버지께서 아우를 우리
와 함께 가도록 내주시면, 우리가 내려가서 아버지께 식량
을 구해 오겠습니다. 하지만 아버지께서 그렇게 하지 않겠
다고 하시면, 우리는 가지 않겠습니다. 간다고 한들 무슨 소
용이 있겠습니까? 그 사람이 우리에게 '너희 아우를 데려오

지 않으면, 너희는 내 얼굴을 볼 수 없을 것이다' 하고 말했
으니 말입니다."

⁶ 이스라엘이 말했다. "너희는 어찌하여 내 인생을 이토록
고달프게 하느냐? 도대체 어쩌자고 또 다른 아우가 있다는
말을 했느냐?"

⁷ 그들이 말했다. "그 사람이 우리를 심하게 다그치며 '너희
아버지는 살아 계시느냐? 너희에게 또 다른 아우가 있느
냐?' 하고 우리 가족에 대해 꼬치꼬치 캐묻기에, 그렇다고
대답한 것입니다. 그 사람이 '너희 아우를 이리로 데려오너
라' 하고 말할 줄 우리가 어찌 알았겠습니까?"

⁸⁻¹⁰ 유다가 아버지 이스라엘에게 재촉했다. "제가 책임질 테
니 그 아이를 보내 주십시오. 우리가 곧 떠나야겠습니다. 우
리가 가지 않으면, 우리 가족 모두가 굶어 죽게 됩니다. 우
리도 아버지도 우리 자녀도 다 죽게 될 것입니다! 그 아이의
안전을 제가 모두 책임지겠습니다. 그 아이의 생명과 제 생
명을 맞바꾸겠습니다. 제가 그 아이를 무사히 데려오지 않
으면, 제가 죄인이 되어 모든 죄를 달게 받겠습니다. 우리가
이렇게 꾸물거리지 않고 갔더라면, 벌써 두 번은 다녀왔을
것입니다."

¹¹⁻¹⁴ 아버지 이스라엘이 마지못해 응했다. "정 그렇게 해야
만 한다면, 이렇게 하여라. 이 땅에서 나는 가장 좋은 토산
물을 너희 자루에 넣어 가서 그 사람에게 선물로 드리거라.
향유와 꿀, 향료와 향수, 유향나무 열매와 감복숭아도 얼마

가져가거라. 돈도 넉넉히 챙겨서, 너희 자루에 담겨 있던 액
수의 두 배를 가져가거라. 분명히 착오가 있었을 것이다. 너
희 아우를 데리고 출발하여라. 그 사람에게 다시 가거라. 너
희들이 그 사람 앞에 설 때 강하신 하나님이 은혜를 베푸셔
서, 그 사람이 너희의 다른 형제와 베냐민을 함께 돌려보내
주면 더없이 좋겠구나. 내게는 이제 남은 게 하나도 없다.
다 잃어버렸다."

15-16 그들은 선물을 마련하고 돈을 두 배로 챙겨서 베냐민을
데리고 갔다. 그들은 지체하지 않고 이집트로 가서 요셉을
만났다. 그들이 베냐민을 데려온 것을 보고, 요셉이 자기 집
관리인에게 말했다. "이 사람들을 집으로 데려가서 편히 쉬
게 해주어라. 짐승을 잡고 식사를 준비하여라. 내가 그들과
점심을 함께할 것이다."

17-18 관리인은 요셉이 말한 대로 그들을 집 안으로 데리고
들어갔다. 그들은 안내를 받아 요셉의 집으로 들어가면서,
불안에 휩싸여 생각했다. "그 돈 때문이야. 그 사람은 우리
가 처음 이곳으로 내려왔을 때 그 돈을 가지고 도망쳤다고
생각하는 거다. 이제 그가 원하는 곳에서 우리를 붙잡았으
니, 우리를 종으로 삼고 우리의 나귀를 몰수하려는 거야."

19-22 그래서 그들은 요셉의 집 관리인에게 다가가 그 집 문
앞에서 말했다. "주인님, 들어 보십시오. 저희는 지난번에
식량을 사러 여기에 내려왔던 사람들입니다. 집으로 돌아가
던 날 밤에 자루를 열어 보니, 자루에 저희 돈이 들어 있었

습니다. 저희가 지불한 액수 그대로였습니다. 저희가 그 돈을 고스란히 가져왔고, 추가로 식량을 살 돈도 많이 가져왔습니다. 누가 저희 자루 속에 돈을 넣어 두었는지 저희는 모르겠습니다."

²³ 관리인이 말했다. "모든 것이 잘 되었으니, 걱정하지 마십시오. 여러분의 하나님, 여러분 아버지의 하나님께서 여러분에게 덤으로 주신 것이 분명합니다. 나는 이미 여러분의 돈을 다 받았습니다." 그러고는 시므온을 데려와 그들에게 넘겨주었다.

²⁴⁻²⁵ 관리인은 그들을 요셉의 집으로 데리고 들어가서, 발 씻을 물을 주고 그들의 나귀에게 먹이를 주며 그들을 편히 쉬게 해주었다. 형제들은 요셉과 함께 식사할 것이라는 말을 듣고, 정오에 그가 나타나기를 기다리며 가져온 선물을 펼쳐 놓았다.

²⁶ 요셉이 집에 오자, 그들은 가져온 선물을 그 앞에 내놓고 정중히 머리 숙여 절했다.

²⁷ 요셉이 그들을 맞이하며 말했다. "전에 너희가 말한 연로하신 너희 아버지는 안녕하시냐? 아직도 살아 계시느냐?"

²⁸ 그들이 말했다. "예, 주인님의 종인 저희 아버지는 지금도 살아 계시고, 아주 잘 지내십니다." 그러고는 다시 정중히 머리 숙여 절했다.

²⁹ 그때 요셉이 자기 어머니의 아들, 곧 자기 친동생 베냐민을 알아보고 그들에게 물었다. "전에 너희가 내게 말한 막내

아우가 이 아이냐?" 그러고는 "내 아들아, 하나님께서 네게 은혜 베푸시기를 빈다" 하고 말했다.

³⁰⁻³¹ 요셉은 자기 아우를 보고 감정이 북받쳐 울음이 터져 나오려고 하자, 급히 다른 방으로 들어가서 한참을 울었다. 그러고 나서 얼굴을 씻고 마음을 진정시킨 다음, 상을 차리라고 말했다.

³²⁻³⁴ 요셉은 따로 상을 받았고, 형제들은 형제들끼리, 이집트 사람들은 이집트 사람들끼리 식사하도록 상을 차리게 했다. (이집트 사람들은 히브리 사람들과 한 식탁에서 먹지 않았다. 히브리 사람들과 식사하는 것을 역겹게 여겼기 때문이다.) 형제들이 안내를 받아 앉고 보니, 요셉을 마주 보고 맏이에서부터 막내에 이르기까지 나이 순으로 앉게 되었다. 형제들은 이제 무슨 일이 벌어질까 의아해 하며 놀란 눈으로 서로 쳐다보았다. 요셉은 각 사람이 먹을 음식을 자기 식탁에서 형제들의 접시로 나르게 했다. 베냐민의 접시에 담긴 음식은 다른 형들의 접시에 담긴 음식보다 훨씬 많았다. 형제들은 요셉과 함께 마음껏 먹고 마셨다.

베냐민의 자루에서 은잔이 나오다

44 ¹⁻² 요셉이 자기 집 관리인에게 지시했다. "저 사람들의 자루에 그들이 가져갈 수 있을 만큼 넉넉하게 식량을 채우고, 각 사람이 가져온 돈을 자루 맨 위에 도로 넣어라. 그리고 막내의 자루 맨 위에는 식량 값으로 가

져온 돈과 함께 내 은잔을 넣어 두어라." 그는 요셉이 지시
한 대로 했다.

3-5 동이 트자, 그들은 배웅을 받으며 나귀들을 이끌고 길을
나섰다. 그들이 아직 그 도시에서 얼마 벗어나지 못했을 때,
요셉이 자기 집 관리인에게 말했다. "그들을 뒤쫓아라. 그
들을 따라잡거든, '너희는 어찌하여 선을 악으로 갚느냐?
이것은 내 주인께서 마실 때 쓰시는 잔이다. 점을 칠 때 쓰
시는 잔이기도 하다. 이렇게 괘씸한 짓을 저지르다니!' 하고
말하여라."

6 관리인은 그들을 따라잡고서 이 모든 말을 그대로 했다.

7-9 그들이 말했다. "저희는 무슨 말씀을 하시는지 모르겠습
니다. 저희 형제들은 그런 짓을 할 사람들이 아닙니다! 지난
번 자루 속에서 발견한 돈도 가나안 땅에서 고스란히 가져
왔습니다. 그런데 저희가 마음이 변해 당신 주인님의 집에
서 은잔을 훔쳤다고 생각하시는 것입니까? 저희 가운데 누
구에게서든 그 잔이 발견되면, 그 사람은 죽어 마땅합니다.
그리고 나머지 형제들도 당신 주인님의 종이 되겠습니다."

10 관리인이 말했다. "좋다. 그러나 그렇게까지 할 필요는
없다. 잔이 발견되는 자는 내 주인님의 종이 될 것이다. 그
러나 나머지 사람들은 죄가 없으니 가도 좋다."

11-12 그들은 다급한 마음에 누가 먼저랄 것도 없이 각자 자
기 자루를 바닥에 내려놓고 자루를 풀어 조사를 받았다. 관
리인은 맏이에서부터 막내에 이르기까지 그들의 자루를 하

나씩 뒤졌다. 그런데 베냐민의 자루에서 잔이 나왔다.

¹³ 그들은 낙심하여 자기 옷을 찢고서, 나귀에 짐을 실은 뒤에 그 도시로 되돌아갔다.

¹⁴ 유다와 그의 형제들이 돌아가 보니, 요셉이 아직 집에 있었다. 그들은 요셉이 보는 앞에서 바닥에 털썩 주저앉았다.

¹⁵ 요셉이 그들을 나무라며 말했다. "너희가 어찌하여 이런 짓을 했느냐? 나 같은 사람이 이런 것을 알아낼 줄 몰랐단 말이냐?"

¹⁶ 유다가 형제들을 대신해서 말했다. "주인님, 저희가 무슨 할 말이 있고 무슨 변명을 할 수 있겠습니까? 저희에게 죄가 없다는 것을 무엇으로 입증할 수 있겠습니까? 하나님께서 저희 뒤에 계시면서 저희 잘못을 들추어 보이셨습니다. 저희가 주인님 앞에 죄를 지었으니, 이제 주인님의 종이 되겠습니다. 저희 모두가 이 일에 연루되었습니다. 잔을 가져간 아이나 저희나 다 죄인입니다."

¹⁷ 요셉이 말했다. "나는 그렇게 할 마음이 없다. 잔을 가져간 자만 나의 종이 될 것이다. 나머지는 죄가 없으니 너희 아버지에게로 돌아가거라."

¹⁸⁻²⁰ 유다가 앞으로 나아가 말했다. "주인님, 부탁드립니다. 주인님께 한 가지만 말씀드리게 해주십시오. 주인님께서는 바로와 같은 분이시니, 노여워하지 마시고, 제가 주제넘다고 여기지 말아 주십시오. 주인님께서는 저희에게 '아버지와 동생이 있느냐?'고 물으셨습니다. 그래서 저희는 '저희

에게 연로한 아버지와, 그가 노년에 얻은 아우가 있습니다. 그 아이의 형은 죽고, 그 아이의 어머니가 낳은 아들 가운데 남은 아이는 그 아이뿐입니다. 그래서 아버지께서는 누구보다 그 아이를 사랑하십니다' 하고 솔직히 말씀드렸습니다.

²¹⁻²² 그러자 주인님께서는 저희에게 '그 아이를 이리로 데려오너라. 내가 그 아이를 보아야겠다'고 말씀하셨습니다. 저희는 그럴 수 없다는 뜻으로 '그 아이는 아버지를 떠날 수 없습니다. 그 아이가 떠나면, 아버지는 돌아가시고 말 것입니다' 하고 말씀드렸습니다.

²³ 그러자 주인님께서는 '너희 막내아우를 데려오지 않으면, 너희는 나를 보지 못할 것이다' 하고 말씀하셨습니다.

²⁴⁻²⁶ 저희는 저희 아버지께 돌아가, 주인님께서 저희에게 하신 모든 말씀을 전했습니다. 저희 아버지께서 '다시 가서 식량을 조금 더 구해 오너라'고 했을 때도, 저희는 '그럴 수 없습니다. 막내아우가 우리와 함께 가지 않으면, 우리는 다시 갈 수 없습니다. 막내아우가 함께 가지 않으면, 우리는 그분을 뵐 수가 없습니다' 하고 단호하게 말씀드렸습니다.

²⁷⁻²⁹ 그러자 주인님의 종인 제 아버지는 저희에게 '너희도 잘 알다시피, 내 아내가 두 아들을 낳았는데, 한 아이는 잃어버렸다. 그 아이는 짐승에게 찢겨 죽은 게 틀림없다. 그 후로 나는 그 아이를 한 번도 본 적이 없다. 그런데 이제 너희가 이 아이를 데리고 갔다가 이 아이에게 무슨 일이라도 생기면, 너희는 백발이 성성한 채 슬퍼하는 나를 끝내 땅에

묻어야 할 것이다' 하고 말씀하셨습니다.

30-32 주인님의 종인 제 아버지에게 이 아이의 목숨은 당신 목숨이나 다름없어서, 제가 이 아이 없이 아버지 앞에 나타나면 아버지는 아이가 없어진 것을 아시고 그 자리에서 돌아가시고 말 것입니다. 아버지가 슬픔에 잠겨 돌아가시면, 여기 주인님 앞에 주인님의 종으로 서 있는 저희가 그분을 돌아가시게 한 셈이 됩니다. 그뿐 아닙니다. 저는 그 아이를 주인님께 보여드릴 수 있게 해달라고 하면서, 제 아버지께 '제가 그 아이를 데려오지 않으면, 아버지 앞에서 평생 죄인으로 살겠습니다' 하고 다짐했습니다.

33-34 그러니 이 아이 대신에 제가 주인님의 종으로 이곳에 머물게 해주십시오. 이 아이는 형제들과 함께 돌아가게 해주십시오. 이 아이가 함께 가지 못하는데, 제가 어떻게 아버지께 돌아갈 수 있겠습니까? 제발, 제가 돌아가서 아버지가 슬픔에 잠겨 돌아가시는 모습을 보지 않게 해주십시오!"

요셉이 형제들에게 자신을 밝히다

45 1-2 요셉은 더 이상 자신을 억제할 수 없어, 자신의 수행원들에게 "물러가라! 다들 물러가라!" 하고 소리쳤다. 요셉은 자기 곁에 아무도 없게 되자, 형제들에게 자신이 누구인지를 밝혔다. 그러나 그의 흐느끼는 소리가 너무도 격해서, 이집트 사람들에게까지 들렸다. 그 소식은 곧 바로의 궁에도 전해졌다.

³ 요셉이 자기 형제들에게 말했다. "내가 요셉입니다. 정말 내 아버지께서 아직도 살아 계십니까?" 그의 형제들은 말 문이 막혀 한 마디도 할 수 없었다. 그들은 자신들이 보고 들은 것을 믿을 수가 없었다.

⁴⁻⁸ 요셉이 형제들에게 말했다. "내게 가까이 오십시오." 그 들이 가까이 다가갔다. "내가 바로 형님들의 아우 요셉입니 다. 형님들이 이집트에 팔아넘긴 그 요셉입니다. 저를 팔아 넘겼다고 괴로워하지도 말고, 자책하지도 마십시오. 그 일 뒤에는 하나님이 계셨습니다. 하나님께서 나를 형님들보다 앞서 이곳으로 보내셔서, 여러 목숨을 구하게 하셨습니다. 이 땅에 흉년이 든 지 두 해가 되었지만, 앞으로도 다섯 해 동안은 흉년이 계속 들어 밭을 갈지도 못하고 추수도 하지 못하게 될 것입니다. 하나님께서 나를 앞서 보내셔서, 이 땅 에 살아남은 민족이 있게 하시고, 놀라운 구원의 행위로 형 님들의 목숨을 구하도록 준비하셨습니다. 보다시피, 나를 이곳으로 보낸 것은 형님들이 아니라 하나님이십니다. 하 나님께서 나를 바로의 아버지와 같은 자리에 앉히시고, 내 게 그의 일을 맡기셔서, 나를 이집트의 통치자로 세워 주셨 습니다.

⁹⁻¹¹ 서둘러 아버지께 돌아가십시오. 가서 아버지께 이렇게 전하십시오. '아버지의 아들 요셉이 말씀드립니다. 저는 이 집트 온 땅의 주인입니다. 되도록 빨리 이곳으로 오셔서 저 와 함께 지내십시오. 아버지께서 저와 가까이 계실 수 있도

록 제가 고센 땅에 지내실 곳을 마련해 놓겠습니다. 아버지와 아버지의 아들들과 손자들, 그리고 아버지의 양 떼와 소 떼와 아버지의 모든 재산을 가지고 오십시오. 제가 그곳에서 아버지를 극진히 모시겠습니다. 앞으로도 흉년이 다섯 해나 더 들 텐데, 아버지께 필요한 모든 것을 제가 살펴 드리겠습니다. 아버지와 아버지께 딸린 모든 식구를 제가 보살피고, 부족한 것이 하나도 없게 해드리겠습니다' 하고 말씀해 주십시오.

12-13 나를 보십시오. 내가 내 입으로 형님들에게 이 모든 말을 하는 것을, 형님들은 물론이고 내 아우 베냐민도 직접 보고 있습니다. 내가 이집트에서 차지하고 있는 높은 지위에 대해 아버지께 말씀드리고, 형님들이 이곳에서 본 것을 하나도 빠짐없이 말씀드려 주십시오. 하지만 오래 지체하지 말고, 서둘러 아버지를 모시고 이곳으로 내려오십시오."

14-15 그러고 나서 요셉은 자기 아우 베냐민의 목을 껴안고 울었다. 베냐민도 요셉의 목을 껴안고 울었다. 요셉은 형들과도 한 사람씩 입을 맞추며 부둥켜 안고 울었다. 그제야 형들도 요셉과 이야기를 나눌 수 있게 되었다.

16 "요셉의 형제들이 왔다"는 소식이 바로의 궁에 전해졌다. 그 소식을 듣고 바로와 그의 모든 신하가 기뻐했다.

17-18 바로가 요셉에게 말했다. "그대의 형제들에게 이렇게 전하시오. '너희 짐을 짐승들의 등에 싣고 가나안으로 가서, 너희 아버지와 너희 가족들을 데리고 이곳으로 돌아오너라. 내

가 너희를 이집트에서 가장 좋은 땅에 자리 잡고 살게 해주겠다. 너희는 그 땅에서 나는 기름진 것을 먹고 살게 될 것이다.'
¹⁹⁻²⁰ 그들에게 이 말도 전하시오. '나는 너희가 이렇게 하기를 바란다. 너희 아이들과 아내들을 태워 올 수 있도록 이집트에서 마차 몇 대를 가져가거라. 마차에 너희 아버지를 모시고 돌아오너라. 이집트 온 땅에 있는 가장 좋은 것이 너희 차지가 될 것이니, 아무 걱정 말고 살림살이는 두고 오너라.'"
²¹⁻²³ 이스라엘의 아들들은 바로가 하라는 대로 했다. 요셉은 그들에게 바로가 약속한 대로 마차를 내주었고, 돌아가는 길에 먹을 양식도 주었다. 그는 형들에게 새로 만든 옷을 마련해 주고, 베냐민에게는 은화 삼백 개와 옷 여러 벌을 주었다. 아버지에게는 이집트의 특산물을 실은 나귀 열 마리와 오는 길에 먹을 양식으로 곡식과 빵을 실은 또 다른 나귀 열 마리를 선물로 보냈다.
²⁴ 요셉은 형제들을 떠나보냈다. 그들이 떠나갈 때, 그는 "오가는 길에 마음을 편히 하시고, 서로 사이좋게 지내십시오" 하고 당부했다.
²⁵⁻²⁸ 그들은 이집트를 떠나 가나안 땅에 있는 아버지 야곱에게로 돌아갔다. 그들이 말했다. "요셉이 지금까지 살아 있습니다. 그는 이집트 온 땅을 다스리는 사람입니다!" 야곱은 말문이 막혔다. 그는 자신의 귀를 의심했다. 그러나 요셉이 한 말을 아들들에게서 다 전해 듣고 또 요셉이 자기를 태워 오라고 보낸 마차를 보자, 그제야 혈색이 돌아왔다. 그들

의 아버지 야곱이 기운을 차린 것이다. 이스라엘이 말했다. "내 아들 요셉이 지금까지 살아 있다는 말은 충분히 들었다. 그러니 내가 가서, 죽기 전에 그 아이를 봐야겠다."

야곱의 가족이 이집트로 가다

46 ¹ 마침내 이스라엘은 자기의 모든 소유를 가지고 여행길에 올랐다. 그는 브엘세바에 이르러 자기 아버지 이삭의 하나님께 희생 제사를 드리며 예배했다.

² 그날 밤, 하나님께서 이스라엘에게 환상 가운데 말씀하셨다. "야곱아! 야곱아!"

그가 대답했다. "예, 말씀하십시오."

3-4 하나님께서 말씀하셨다. "나는 네 아버지의 하나님이다. 이집트로 내려가는 것을 두려워하지 마라. 내가 그곳에서 너를 큰 민족이 되게 하겠다. 내가 너와 함께 이집트로 내려 갔다가, 너를 다시 이곳으로 데려오겠다. 네가 죽을 때, 요 셉이 네 곁에 있을 것이다. 요셉이 그의 손으로 네 눈을 감 겨 줄 것이다."

5-7 야곱이 브엘세바를 떠났다. 이스라엘의 아들들은 바로가 이스라엘을 모셔 오라고 보내 준 마차에 자신들의 아버지와 아이들과 아내들을 태웠다. 그들은 가나안 땅에서 모은 가 축과 재산을 가지고 이집트에 도착했다. 야곱은 자기 집안 의 모든 사람, 곧 아들과 손자들, 딸과 손녀들까지 한 사람 도 빠뜨리지 않고 다 데리고 갔다.

⁸ 이집트로 내려간 이스라엘 자손, 곧 야곱과 그 자손의 이름은 이러하다.

야곱의 맏아들 르우벤.

⁹ 르우벤의 아들 하녹, 발루, 헤스론, 갈미.

¹⁰ 시므온의 아들 여무엘, 야민, 오핫, 야긴, 스할, 가나안 여인이 낳은 아들 사울.

¹¹ 레위의 아들 게르손, 고핫, 므라리.

¹² 유다의 아들 엘, 오난, 셀라, 베레스, 세라. (엘과 오난은 가나안 땅에 있을 때 이미 죽었다.) 베레스의 아들은 헤스론과 하물이다.

¹³ 잇사갈의 아들 돌라, 부와, 욥, 시므론.

¹⁴ 스불론의 아들 세렛, 엘론, 얄르엘.

¹⁵ 이들은 레아가 밧단아람에서 낳은 야곱의 자손이다. 디나도 그의 딸이다. 아들딸을 모두 합하니 서른세 명이다.

¹⁶ 갓의 아들 시본, 학기, 수니, 에스본, 에리, 아로디, 아렐리.

¹⁷ 아셀의 아들 임나, 이스와, 이스위, 브리아, 그들의 누이 세라. 브리아의 아들 헤벨과 말기엘.

¹⁸ 이들은 라반이 자기 딸 레아에게 준 여종 실바가 낳은 야곱의 자손으로, 모두 열여섯 명이다.

¹⁹⁻²¹ 야곱의 아내 라헬의 아들은 요셉과 베냐민이다. 요셉은 온의 제사장 보디베라의 딸 아스낫과 결혼하여 얻은 두 아들, 므낫세와 에브라임의 아버지다. 그들은 요셉이 이집트에서 얻은 아들들이다. 베냐민의 아들들은 벨라, 베겔, 아스

벨, 게라, 나아만, 에히, 로스, 뭅빔, 훕빔, 아릇이다.

²² 이들은 야곱과 라헬 사이에서 태어난 자손으로, 모두 열네 명이다.

²³ 단의 아들 후심.

²⁴ 납달리의 아들 야스엘, 구니, 예셀, 실렘.

²⁵ 이들은 라반이 자기 딸 라헬에게 준 여종 빌하가 낳은 야곱의 자손으로, 모두 일곱 명이다.

²⁶⁻²⁷ 야곱과 함께 이집트로 내려간 사람들 가운데 야곱의 며느리들을 뺀 그의 직계 자손은 모두 예순여섯 명이다. 이집트에서 요셉에게 태어난 두 아들까지 합하면, 이집트에 들어간 야곱의 집안 식구는 모두 일흔 명이다.

❧

²⁸⁻²⁹ 야곱은 유다를 앞서 보내어, 고센 땅으로 가는 길을 요셉에게서 알아 오게 했다. 그들이 고센에 도착할 무렵, 요셉은 전차를 준비시켜 아버지 이스라엘을 만나러 고센으로 갔다. 요셉은 아버지를 보자마자, 그의 목을 끌어안고 한참을 울었다.

³⁰ 이스라엘이 요셉에게 말했다. "내가 이렇게 네 얼굴을 들여다보고 네가 정말로 살아 있는 것을 확인하다니, 이제 죽어도 여한이 없다."

³¹⁻³⁴ 요셉이 자기 형제들과 아버지의 가족들에게 말했다. "내가 바로께 가서 '가나안 땅에 살던 제 형제들과 아버지의

가족들이 제게 왔습니다. 그들은 목자들입니다. 줄곧 가축
을 치면서 살아온 사람들입니다. 그들이 양 떼와 소 떼를 몰
고 자기들의 모든 재산을 가지고 왔습니다' 하고 말씀드리겠
습니다. 바로께서 형님들을 불러들여 무슨 일을 하는지 물으
실 것이니, 형님들은 '왕의 종들인 저희는 지금까지 줄곧 가
축을 치며 살아온 기억밖에 없습니다. 저희는 물론이고 저희
조상도 그러했습니다' 하고 대답하십시오. 그러면 바로께서
형님들을 고센 지방에서 따로 지내게 하실 것입니다. 이집트
사람들은 목자라면 누구나 천하게 보기 때문입니다."

47 ¹ 요셉이 바로에게 가서 말했다. "제 아버지와 형
제들이 양 떼와 소 떼와 모든 재산을 가지고 가
나안 땅에서 왔습니다. 그들이 지금 고센 땅에 와 있습니다."
²⁻³ 요셉은 자기 형제들 가운데 다섯 사람을 데려가서 바로
에게 소개했다. 바로가 그들에게 물었다. "너희는 무슨 일
을 하느냐?"
³⁻⁴ "왕의 종들인 저희는 조상 때부터 목자였습니다. 저희는
새로 정착할 곳을 찾아 이 나라에 왔습니다. 가나안 땅에는
저희 양 떼를 먹일 풀밭이 없습니다. 가나안 땅에 기근이 몹
시 심하게 들었기 때문입니다. 부디 왕의 종들이 고센 땅에
자리를 잡고 살게 해주십시오."
⁵⁻⁶ 바로가 요셉을 보며 말했다. "그대의 아버지와 형제들이

도착해, 이렇게 온 가족이 다 만나게 되었소! 이집트는 그들을 환영하오. 가장 좋은 땅을 골라서 그대의 아버지와 형제들이 자리 잡고 살게 하시오. 좋소. 고센 땅을 그들에게 주시오. 그들 가운데 특별히 목축을 잘하는 이들이 있거든, 그들에게 내 가축을 맡겨 돌보게 하시오."

7-8 이어서 요셉이 자기 아버지 야곱을 모시고 들어와 바로에게 소개했다. 야곱이 바로를 축복하자, 바로가 야곱에게 물었다. "연세가 어떻게 되시오?"

9-10 야곱이 바로에게 대답했다. "제가 나그네처럼 세상을 살아온 세월이 백삼십 년입니다. 제 조상이 받아 누린 세월에는 못 미치지만, 험한 인생을 살았습니다." 야곱은 바로를 축복하고 물러나왔다.

11-12 요셉은 바로가 지시한 대로 자기 아버지와 형제들을 이집트에 정착시키고, 가장 좋은 땅—라암셋(고센)—을 그들에게 주어 그 땅의 당당한 주인이 되게 했다. 요셉은 자기 아버지와 형제들과 아버지의 온 가족을 가장 나이 어린 아이에 이르기까지 잘 보살폈다. 그는 그들에게 모든 것을 넉넉하게 공급해 주었다.

❖

13-15 마침내 온 땅에 식량이 바닥났다. 기근이 더욱 심해지더니, 이집트 땅과 가나안 땅이 기근으로 황폐해졌다. 요셉은 식량 배급의 대가로, 이집트 땅과 가나안 땅에 있는 돈을

남김 없이 거두어들여 바로의 궁에 두었다. 이집트 땅과 가
나안 땅에서 거두어들일 수 있는 돈이 바닥나자, 이집트 사
람들이 요셉에게로 몰려와서 말했다. "저희에게 식량을 주
십시오. 저희가 주인님 앞에서 죽는 모습을 두고 보실 참입
니까? 돈이 바닥났습니다."

16-17 요셉이 말했다. "여러분의 가축을 끌고 오시오. 돈이 떨
어졌다니, 여러분의 가축을 받고 식량을 내주겠소." 그래서
이집트 사람들은 요셉에게 가축을 끌고 왔고, 요셉은 말과
양, 소, 나귀를 받고 그들에게 식량을 내주었다. 요셉은 그
해 내내 가축을 받고 그들에게 식량을 내주었다.

18-19 그해가 가고 이듬해가 되자, 이집트 사람들이 다시 몰
려와서 말했다. "주인님께서 잘 아시다시피, 저희는 빈털터
리입니다. 돈은 이미 다 떨어졌고, 가축마저 주인님께 다 팔
아 버렸습니다. 저희 몸과 땅을 빼면 저희에게는 식량과 맞
바꿀 물건이 아무것도 남아 있지 않습니다. 저희가 이렇게
버티다가 주인님 앞에서 굶어 죽는다면, 저희 몸과 땅이 무
슨 소용이겠습니까? 저희의 몸과 땅을 받으시고 식량을 주
십시오. 저희가 바로의 종이 되고 저희 땅도 바로께 넘겨드
리겠습니다. 저희가 바라는 것은 그저 살아남는 데 필요한
씨앗뿐입니다. 저희가 생계를 유지하며 땅을 살릴 수 있을
만큼만 씨앗을 주십시오."

20-21 요셉은 이집트에 있는 모든 땅을 사들여 바로의 것이 되
게 했다. 기근이 너무 심해서 이집트 사람들은 너나없이 자

기 땅을 팔 수밖에 없었다. 그렇게 해서 결국 모든 땅이 바로의 소유가 되었고, 백성은 바로의 종이 되었다. 요셉이 이집트 땅 이 끝에서 저 끝까지 온 백성을 종이 되게 한 것이다.

22 그러나 요셉은 제사장들의 땅은 사들이지 않았다. 제사장들은 바로에게서 정기적으로 급료를 받고 있었고, 그 급료만으로도 살아갈 수 있어서 땅을 팔 필요가 없었다.

23-24 요셉이 백성에게 공표했다. "나는 다음과 같이 일을 처리하겠소. 나는 여러분과 여러분의 땅을 사서 바로의 것이 되게 했소. 이제 나는 여러분에게 씨앗을 주어, 여러분이 땅에 심을 수 있게 하겠소. 곡식을 수확할 때, 오분의 일은 바로께 내고 오분의 사는 여러분이 가지시오. 여러분과 여러분의 가족을 위한 씨앗으로 말이오. 그러면 여러분은 여러분의 자녀들을 먹여 살릴 수 있을 것이오!"

25 백성이 말했다. "주인님께서 저희 목숨을 구해 주셨습니다! 주인님의 호의에 감사드립니다. 저희가 기꺼이 바로의 종이 되겠습니다."

26 요셉은 '오분의 일은 바로께 바친다'는 내용의 이집트 토지법을 공표했다. 그 법은 지금까지도 유효하다. 그러나 제사장들의 땅은 바로의 것이 되지 않았다.

야곱의 마지막 부탁

27-28 이스라엘은 이집트의 고센 땅에 자리를 잡고 살았다. 그들은 재산을 소유하고 번성하여 아주 큰 백성이 되었다.

야곱은 이집트에서 십칠 년을 살았다. 그는 모두 백사십칠 년을 살았다.

29-30 죽을 날이 다가오자, 이스라엘은 자기 아들 요셉을 불러 이렇게 말했다. "내 부탁을 들어다오. 내게 끝까지 성실하게 신의를 지키겠다는 표시로 네 손을 내 허벅지 밑에 넣어라. 나를 이집트에 묻지 마라. 내가 조상과 함께 잠들거든, 나를 이집트에서 옮겨 내어 내 조상 곁에 묻어 다오."

요셉이 말했다. "그렇게 하겠습니다. 아버지께서 당부하신 대로 하겠습니다."

31 이스라엘이 "내게 약속해 다오" 하고 말하자, 요셉이 약속했다.

이스라엘은 침상에서 머리 숙여 절하며 하나님께 순종과 감사를 드렸다.

에브라임과 므낫세를 축복하다

48 1-2 이런 대화가 있고 나서 얼마 후에, 요셉은 "주인님의 아버지께서 편찮으십니다"라는 소식을 들었다. 그는 자신의 두 아들 므낫세와 에브라임을 데리고 야곱에게로 갔다. 야곱은 "당신의 아들 요셉이 왔습니다"라는 말을 듣고, 기운을 내어 침상에서 일어나 앉았다.

3-7 야곱이 요셉에게 말했다. "강하신 하나님께서 가나안 땅 루스에서 내게 나타나 복을 주시며 말씀하시기를, '내가 너로 번성하여 그 수가 많아지게 하고, 네게서 여러 민족이 나

오게 하며, 이 땅을 네 뒤에 오는 자손에게 영원한 유산으로
넘겨주겠다'고 하셨다. 내가 너와 만나기 전에 이곳 이집트
에서 태어난 네 두 아들을, 내가 양자로 삼아야겠다. 그 아
이들은 르우벤과 시므온처럼 내 아들의 지위를 얻게 될 것
이다. 이 두 아이 뒤에 태어나는 아이들은 네 자식이 될 것
이다. 이 두 아이는 자기 형들의 뒤를 이어 유산을 상속받게
될 것이다. 내가 그렇게 하려는 것은, 내가 밧단을 떠나 가
나안 땅으로 돌아가던 길에, 슬프게도, 네 어머니 라헬이 지
금은 베들레헴이라 하는 에브랏에 거의 다 와서 죽고 말았
기 때문이다."

8 그러고 나서 야곱이 요셉의 아들들을 보고 물었다. "이 아
이들은 누구냐?"

9-11 요셉이 아버지에게 말했다. "이 아이들은 하나님께서 이
곳에서 제게 주신 제 아들들입니다."

그러자 야곱이 말했다. "내가 축복할 수 있도록 그 아이들
을 내게 데려오너라." 이스라엘은 나이가 많아 시력이 떨어
져서 거의 앞을 볼 수 없었다. 그래서 요셉이 그들을 가까이
데려갔다. 연로한 이스라엘이 그들에게 입을 맞추고 껴안았
다. 그런 다음 요셉에게 말했다. "내가 네 얼굴을 다시 보리
라고는 생각지도 못했는데, 하나님께서는 네 아이들까지 보
게 해주셨구나!"

12-16 요셉은 그들을 이스라엘의 무릎에서 물러나게 하고, 얼
굴을 땅에 대고 엎드려 절했다. 그런 다음 두 아이를 데려다

가, 오른손으로는 에브라임을 이끌어 이스라엘의 왼편에 서
게 하고, 왼손으로는 므낫세를 이끌어 이스라엘의 오른편에
서게 했다. 그러나 이스라엘은 두 팔을 엇갈리게 내밀어 오
른손을 작은아들 에브라임의 머리에 얹고, 왼손은 맏아들
므낫세의 머리에 얹었다. 그런 다음 그들을 축복했다.

저의 조상 아브라함과 이삭을
당신 앞에서 걷게 하신 하나님,
제가 태어난 날부터 지금까지 줄곧
저의 목자가 되어 주신 하나님,
온갖 해악에서 저를 구해 주신 하나님의 천사께서
이 아이들에게 복을 내려 주소서.
저의 이름이 이 아이들의 삶 속에서 메아리치게 하시고
저의 조상 아브라함과 이삭의 이름도 이 아이들의 삶 속
에서 살아 있게 하소서.
이 아이들이 자라서
그들의 자손이 이 땅을 덮게 하소서.

17-18 요셉은 아버지가 오른손을 에브라임의 머리에 얹은 것
을 보고 아버지가 실수한 것이려니 생각했다. 그래서 아버
지의 오른손을 잡고 에브라임의 머리에서 므낫세의 머리로
옮기며 말했다. "아버지, 손을 잘못 얹으셨습니다. 다른 아
이가 맏아들이니, 그 아이의 머리에 오른손을 얹으십시오."

19-20 그러나 그의 아버지는 그렇게 하기를 마다하며 말했다. "내 아들아, 나도 안다. 내가 무엇을 하는지 나도 안다. 므낫세도 민족을 이루어 크게 될 것이다. 그러나 그의 아우가 더 크게 되고, 그의 후손은 민족들을 부유하게 할 것이다." 그러고는 두 아이에게 축복했다.

이스라엘 백성이 너희의 이름으로 이렇게 축복하리라.
하나님께서 너를 에브라임과 므낫세처럼 되게 해주시기를.

이렇게 함으로써 그는 분명하게 에브라임을 므낫세 앞에 내세웠다.

21-22 이스라엘이 요셉에게 말했다. "이제 나는 곧 죽을 것이다. 하나님께서 너와 함께 계셔서, 네가 네 조상의 땅으로 무사히 돌아갈 수 있게 해주시기를 빈다. 너는 형제들 가운데 첫째나 다름없으니, 내가 칼과 활로 아모리 사람의 손에서 빼앗은 산등성이 땅을 네게 선물로 준다."

야곱이 열두 아들을 축복하다

49

¹ 야곱이 아들들을 불러 말했다. "내게로 모여라. 장차 너희에게 일어날 일을 일러 주겠다."

² 야곱의 아들들아, 다 함께 와서 들어라.
너희 아버지 이스라엘의 말을 들어라.

3-4 르우벤, 너는 내 맏아들,
나의 힘, 내 사내다움의 첫 번째 증거.
너는 영예도 절정이고 힘도 절정이다만
엎질러진 물과 같아서
더 이상 정상에 있지 못할 것이다.
네가 아버지의 침상에 올라가,
아버지의 잠자리를 더럽혔기 때문이다.

5-6 시므온과 레위는 한통속.
걸핏하면 합세하여 싸움을 건다.
나는 그들이 꾸미는 복수극에 끼지 않고
그들이 모의하는 격한 싸움에 끼어들지 않을 것이다.
그들은 홧김에 사람들을 죽이고
내키는 대로 소들을 베어 버린다.
7 고삐 풀린 그들의 노여움,
무분별한 그들의 분노에 화가 임할 것이다.
나는 그들을 쓰레기와 함께 내던지고
갈기갈기 찢겨진 색종이 조각처럼 이스라엘 전역에 흩뿌
릴 것이다.

8-12 너 유다야, 네 형제들이 너를 찬양할 것이다.
네 손가락이 네 원수들의 목을 누르고
네 형제들이 네게 경의를 표할 것이다.

유다, 너는 젊은 사자다.

내 아들아, 너는 짐승을 잡아먹고 힘차게 보금자리로 돌아올 것이다.

백수의 왕 사자처럼 웅크린 그를 보라.

누가 감히 끼어들어 그를 방해하랴?

왕권이 유다에게서 떠나지 않을 것이다.

최후의 통치자가 오고

민족들이 그에게 복종할 때까지,

유다는 지휘봉을 놓지 않을 것이다.

그는 자기 나귀를 포도나무에 단단히 매고

순종 나귀 새끼를 튼튼한 가지에 맬 것이다.

그는 자기 옷을 포도주에 빨고

자기 겉옷을 붉은 포도즙에 빨 것이다.

그의 두 눈은 포도주보다 검고

그의 이는 우유보다 흴 것이다.

13 스불론은 바닷가에 자리 잡고 살며

배들의 안전한 항구가 되고,

영토는 시돈과 맞닿은 곳까지 이를 것이다.

14-15 잇사갈은 가축우리 사이에 웅크린

튼튼한 나귀다.

그는 그곳이 얼마나 아름다운 곳인지

그 땅이 얼마나 좋은 곳인지를 알고서,
자신의 자유를 포기하고
종처럼 일하게 되었다.

16-17 단은 자기 백성을 위해 정의의 문제를 다룰 것이다.
그는 이스라엘 지파들 사이에서 자기 몫을 톡톡히 할 것이다.
단은 풀밭 속의 작은 뱀,
길가에 숨은 치명적인 뱀이다.
말의 발뒤꿈치를 물어
그 위에 탄 거대한 사람을 떨어뜨린다.

18 **하나님**,
제가 주의 구원을 바라고 기다립니다.

19 갓은 악당들의 공격을 받겠지만,
그들을 직접 쓰러뜨릴 것이다.

20 아셀은 양식이 풍부한 사람으로 알려져,
왕들에게 달콤하고 감미로운 것들을 올릴 것이다.

21-26 납달리는 자유롭게 뛰노는 사슴이니
사랑스러운 새끼 사슴들을 낳는다.

요셉은 야생 나귀,
샘 곁의 야생 나귀,
언덕 위의 씩씩한 나귀다.
사수들이 악의를 품고
화살촉에 증오를 묻혀 쏘았지만,
요셉은 빗발치는 화살 속에서도 흔들림 없이
활을 굳게 쥐고 팔을 유연하게 놀렸으니,
이는 야곱의 전사이시며 이스라엘의 목자요 바위이신 분께서
뒤에서 보호해 주셨기 때문이다.
네 아버지의 하나님, 그분께서 너를 도와주시기를!
강하신 하나님, 그분께서 네게 복을 주시고
하늘에서 내리는 복과
땅에서 솟구치는 복,
젖을 먹이는 복과 잉태하는 복을 주시기를!
네 아버지의 복이
예로부터 이어져 온 산들의 복보다 크고
영원한 언덕들의 복보다 풍성하기를.
그 복이 요셉의 머리에,
형제들 가운데서 거룩하게 구별된 사람의 이마에 머물기를.

[27] 베냐민은 굶주린 늑대다.
아침에는 자신이 잡은 짐승을 게걸스럽게 먹고
저녁에는 남은 것을 나눈다.

²⁸ 이들은 모두 이스라엘의 열두 지파다. 이것은 그들의 아버지가 아들들에게 축복하며 한 말, 특별히 아들 한 사람 한 사람에게 해준 고별 축복기도다.

²⁹⁻³² 야곱이 아들들에게 지시했다. "이제 나는 조상 곁으로 간다. 나를 헷 사람 에브론의 밭에 있는 동굴에 내 조상과 함께 묻어 다오. 그 동굴은 가나안 땅 마므레 앞 막벨라 밭에 있다. 그 밭은 아브라함이 묘지로 쓰려고 헷 사람 에브론에게서 사 두신 것이다. 아브라함과 그분의 아내 사라가 그곳에 묻혀 있고, 이삭과 그분의 아내 리브가도 그곳에 묻혀 있다. 나도 레아를 그곳에 묻었다. 그 밭과 동굴은 헷 사람에게서 산 것이다."

³³ 야곱은 아들들에게 지시하고 나서, 발을 침상 위로 올려 마지막 숨을 거두고, 조상 곁으로 돌아갔다.

50

¹ 요셉이 아버지를 끌어안고 슬피 울며, 그에게 입을 맞추었다.

야곱의 죽음

²⁻³ 요셉이 장의사들을 시켜 자기 아버지의 시신에 향 재료를 넣게 했다. 장의사들이 이스라엘의 시신에 향 재료를 넣

는 데 꼬박 사십 일이 걸렸다. 이집트 사람들은 칠십 일 동안 그의 죽음을 애도했다.

4-5 애도 기간이 끝나자, 요셉이 바로의 궁에 청원을 올렸다. "여러분이 진심으로 저를 생각하는 마음이 있거든, 바로께 제 말씀을 전해 주십시오. 제 아버지께서 제게 맹세하게 하시면서, '나는 곧 죽는다. 내가 죽으면, 내가 가나안 땅에 마련해 놓은 묘지에 나를 묻어 다오' 하고 말씀하셨습니다. 부디 제가 올라가서 아버지의 장례를 치르게 해주십시오. 장례를 마치고, 제가 돌아오겠습니다."

6 바로가 말했다. "그렇게 하시오. 그대의 아버지가 그대에게 맹세하게 한 대로, 가서 고인의 장례를 치르시오."

7-9 요셉은 아버지의 장례를 치르러 갔다. 바로의 궁에서 일하는 모든 고위 관료들과 이집트의 모든 고위 인사들, 그리고 요셉의 가족들, 곧 그의 형제들과 아버지 집안 사람들이 요셉과 함께 올라갔다. 아이들과 양 떼와 소 떼는 고센에 남겨 두었다. 전차와 기병들이 그들과 함께 갔다. 그것은 거대한 장례 행렬이었다.

10 그들은 요단 강 건너편 아닷 타작 마당에 이르러, 크게 애통하며 애도의 기간을 보냈다. 요셉은 자기 아버지를 위해 칠 일 동안 장례 예식을 치렀다.

11 가나안 사람들은 아닷 타작 마당에서 슬피 우는 모습을 보고 이렇게 말했다. "이집트 사람들이 진심으로 애도하는구나." 그리하여 요단 강가에 있는 그곳이 아벨미스라임(이

집트 사람들의 애도)이라고 불리게 되었다.

¹²⁻¹³ 야곱의 아들들은 아버지가 지시한 대로 행했다. 아버지의 시신을 가나안 땅으로 모셔다가, 마므레 앞 막벨라 밭에 있는 동굴에 묻었다. 그 밭은 아브라함이 헷 사람 에브론에게서 묘지로 사들인 것이었다.

¹⁴⁻¹⁵ 요셉은 아버지의 장례를 치르고 나서 이집트로 돌아왔다. 아버지의 장례를 치르러 요셉과 함께 갔던 형제들도 그와 함께 돌아왔다. 장례를 치르고 나서 요셉의 형들이 서로 말했다. "요셉이 우리에게 원한을 품고 우리가 그에게 저지른 모든 악을 되갚으려고 하면 어떻게 하지?"

¹⁶⁻¹⁷ 그래서 그들은 요셉에게 이런 전갈을 보냈다. "아버지께서 돌아가시기 전에 분부하시기를, '요셉에게 전하여라. 네 형들이 네게 아주 못된 짓을 했으나, 너는 네 형들의 죄, 그들의 모든 잘못을 용서해 주어라' 하고 말씀하셨습니다. 그러니, 아우님 아버지께서 섬기시던 그 하나님의 종들인 우리가 지은 죄를 용서해 주시겠습니까?"

요셉은 이 전갈을 받고 울었다.

¹⁸ 요셉의 형들이 직접 와서, 요셉 앞에 엎드려 말했다. "우리가 아우님의 종이 되겠습니다."

¹⁹⁻²¹ 요셉이 대답했다. "두려워하지 마십시오. 내가 하나님을 대신하겠습니까? 보다시피, 형님들이 나를 해치려고 악

한 일을 꾸몄으나, 하나님께서는 그 계략을 선으로 바꾸셔서 나를 이롭게 하셨고, 지금 형님들 주위에서 이루어진 모든 일에서 보는 것처럼, 수많은 사람들도 살리신 것입니다. 두려워할 이유가 없으니, 마음 편히 지내십시오. 제가 형님들과 형님들의 자녀들을 보살피겠습니다." 그는 진심어린 말로 그들을 안심시켰다.

22-23 요셉은 아버지의 집안 식구들과 함께 이집트에서 살았다. 그는 110년을 살면서 에브라임에게서 증손자를 보았다. 므낫세의 아들 마길의 아들들까지도 요셉의 자식으로 인정받았다.

24 마침내 요셉이 형제들에게 말했다. "나는 곧 죽습니다. 하나님께서 반드시 여러분에게 찾아오시고, 여러분을 이 땅에서 이끌어 내셔서, 아브라함과 이삭과 야곱에게 엄숙히 약속하신 땅으로 되돌아가게 하실 것입니다."

25 요셉은 이스라엘의 아들들에게 맹세하게 하면서 말했다. "하나님께서 찾아오셔서 여러분이 이곳을 떠나게 될 때에, 내 유골을 가지고 가십시오."

26 요셉은 백열 살에 죽었다. 그들이 그의 시신을 향 재료로 채우고, 이집트에서 입관했다.